Maria Antonieta Costa

As bacias rochosas da ilha Terceira

Maria Antonieta Costa

As bacias rochosas da ilha Terceira

ScienciaScripts

Imprint

Any brand names and product names mentioned in this book are subject to trademark, brand or patent protection and are trademarks or registered trademarks of their respective holders. The use of brand names, product names, common names, trade names, product descriptions etc. even without a particular marking in this work is in no way to be construed to mean that such names may be regarded as unrestricted in respect of trademark and brand protection legislation and could thus be used by anyone.

Cover image: www.ingimage.com

This book is a translation from the original published under ISBN 978-3-330-08722-4.

Publisher:
Sciencia Scripts
is a trademark of
Dodo Books Indian Ocean Ltd. and OmniScriptum S.R.L publishing group

120 High Road, East Finchley, London, N2 9ED, United Kingdom
Str. Armeneasca 28/1, office 1, Chisinau MD-2012, Republic of Moldova, Europe
Printed at: see last page
ISBN: 978-620-7-27385-0

Título

As bacias rochosas da ilha Terceira

As rochas megalíticas e as inscrições enigmáticas dos Açores reorganizam a antiga geografia atlântica

Authorship: Antonieta Costa
antonieta_c@hotmail.com
Ph.D Researcher from CITCEM

CITCEM
CENTRO DE INVESTIGAÇÃO TRANSDISCIPLINAR
CULTURA, ESPAÇO E MEMÓRIA

Faculdade de Letras da Universidade do Porto
In fulfilment of a Post-Doctoral project with University of Porto
Special recognitions to UP tutor of the project - Prof. Alice Duarte,
Acknowledgments
Victor Cardoso - Topography

ÍNDICE DE CONTEÚDOS

Resumo

A investigação aqui descrita diz respeito às bacias rochosas da ilha Terceira (um fenómeno que necessita de ser avaliado sob a hipótese antrópica) e que tem sido acompanhada ao longo das monografias publicadas por Lap Lambert desde 2013. Pela leitura destes relatórios é possível verificar que o âmbito inicial do projeto era um simples registo das bacias no formato de um "Inventário" (aprovado pela U. Porto para um trabalho de pós-doutoramento). No entanto, e em consequência de uma maior consciencialização sobre a natureza dos resultados, sucessivas alterações tiveram de ser adoptadas, impondo uma importância diferente. A questão aqui colocada pelo investigador é uma que se torna frequente nestas situações, ao lidar com o dilema consignado pela imposição humana/científica do questionamento, ao mesmo tempo que tem de manter os laços sociais burocráticos inicialmente estabelecidos. Uma espécie de conciliação entre ambos foi conseguida atribuindo larguras diferentes a cada um dos lados, nomeadamente mencionando apenas alguns e aprofundando o registo de outros. Mas o problema mantém-se em relação ao valor atribuído, no meio académico, à estratégia inicial concebida para a planificação de um estudo (geralmente partindo do ponto zero) quando é impossível avaliar antecipadamente a sua adequação aos problemas que se colocam posteriormente.

Considerando o presente caso como uma oscilação entre ambos, o resultado foi permitir que informação suficiente fosse deixada a outros investigadores, permitindo-lhes ganhar interesse sobre o tema. Enquanto as questões foram deixadas sem resposta à espera de uma abordagem mais profunda, uma foi tratada com mais cuidado, nomeadamente a questão da linguagem usada (no passado) na arquitetura mística da paisagem. Uma proposta para uma possível comparação com as regras da linguagem comum (verbal) foi detalhada por vários autores.

Seguindo as estatísticas da predominância observada das bacias próximas aos geoglifos (incluindo a prevalência de modelos, distância espacial e outras variáveis), a complexidade da substância existente foi levada em consideração, permitindo novas análises e desenvolvimentos. Assim, toda a informação recolhida sobre os interferentes está a ser colocada à disposição (através da publicação dos dados em bruto[1]) facilitando outras abordagens à investigação arqueológica e estimulando avanços neste domínio.

---

[1] Disponível para consulta detalhada ou fornecimento das tabelas Exell completas pelo autor "antonicta_c@hotmail.com"

As bacias rochosas da ilha Terceira

PARTE I

I - Introdução

Quando, em 2013, comecei a recolher informação e a planear um projeto de investigação, tudo o que pretendia era dar algum sentido aos objectos contraditórios que estavam a ser descobertos na Ilha Terceira (Arquipélago dos Açores, no meio do Atlântico Norte) e que, incrivelmente, apontavam para uma ocupação pré-histórica da Ilha - muito antes da descoberta oficial pelos portugueses, no século XV.

Uma vez que todo o corpo arqueológico português decidiu (por uma situação de má leitura) tomar uma posição negativa em relação aos achados - seguido pelas autoridades locais - a minha opção foi a de conduzir a investigação através da disciplina de Antropologia do Espaço, não só por ser das ciências sociais, a área mais próxima da minha formação académica (Psicologia Social), mas sobretudo pela sua afinidade com matérias que já tinha trabalhado antes[2] . Assim, o meu primeiro plano foi partir para a tarefa de catalogar todos esses estranhos "objectos" (na realidade, todos eles apenas pedras) testemunhando uma ação e uma cultura antrópicas diferentes das do século XV.

No entanto, cedo me apercebi, pela diversidade encontrada, composta por rochas de diferentes formas: muitas com gravuras de dois tipos esculpidas em placas horizontais e/ou em superfícies verticais, rodeando formações rochosas com formas "humanóides" aqui designadas por "Geoglifos"[3] , "marcas de corte", "marcas de taça", "bacias", etc., reveladas pelo ambiente caótico e inesperadamente rico, que tal variedade e complexidade tinham de ser abordadas de outra forma.

Falando com colegas sobre a sua profusa diversidade e abundância, fui incentivado a centrar a minha atenção essencialmente num dos itens e, dadas as circunstâncias, decidi seguir a recomendação. O (aparentemente) mais óbvio: as bacias rochosas (buracos mergulhados no leito rochoso) - foi a escolha.

Foi aceite um trabalho de pós-doutoramento na Universidade do Porto[4] , no qual seriam basicamente registadas, fotografadas e/ou desenhadas as bacias rochosas existentes em três áreas da Ilha Terceira, bem como descritas em monografias a publicar durante o processo.

Posteriormente, deste desenvolvimento resultaram já três publicações que abrangem as três áreas em estudo, nomeadamente: "O Monte de Pedras" (2013), "As Bacias Rochosas da Serra do Cume" (2015) e "Picos Atlânticos com Bacias

---

[2] *Ilhas Míticas,* uma série de vídeos resultante da investigação "Raizes da Cultura Popular - Arquetipos e Mitos", realizada através da Universidade do Minho.

[3] Geoglifos é o termo aqui utilizado para designar figuras naturais geológicas com formas antropomórficas e zoomórficas

[4] Como investigador do CITCEM, na mesma Universidade

Rochosas" (2016)[5] . Mas rapidamente o modelo adotado para a investigação começou a levantar dúvidas, pois as bacias rochosas pareciam fazer parte de um sistema cultural muito mais vasto e a informação parcial assim divulgada poderia distorcer o conhecimento sobre a sua história natural.

A imagem acima documenta a aparente ligação existente entre bacias rochosas e outros registos rupestres, no caso, com "marcas de corte"

Como em muitos outros exemplos, é possível observar que as marcas de corte (uma técnica utilizada para dividir rochas) não seriam aplicadas no presente caso com essa intenção, o que afectaria o bordo da bacia. O absurdo da situação (que se repete nos mais diversos exemplos) documenta em parte a razão de um alargamento da latitude do projeto. Inicialmente destinado a promover uma simples inventariação das bacias rochosas existentes em três áreas geográficas da ilha Terceira, o gradual aumento da complexidade dos resultados obrigou a algumas alterações.

---

[5] Todos editados por Lap Lambert Academic Publishing

Mas a razão factual que conduziu a uma alteração importante do projeto foi a perda de informações cruciais encontradas ao longo do processo de investigação, que de outra forma seriam desconhecidas.

II - Alteração imposta

A obrigação de alterar o projeto anterior não é apenas "moral". Embora a dimensão do projeto inicialmente apresentado parecesse razoável, cedo se revelou inadequada, não só pela falta de lógica verificada em vários dos casos arrolados (a exigir algum debate, para efeitos científicos), mas também pelo desperdício de um importante processo analítico que, de outra forma, poderia acontecer. Em consequência, e ao longo do trabalho de campo, os desenvolvimentos posteriores impuseram um ajustamento significativo do modelo em relação à sua intenção original e ao desenho inicialmente apresentado para aprovação. Mas porque a razão desta alteração não foi um simples aditamento ao primeiro plano, será aqui descrita em mais pormenor, antes de apresentar os resultados finais de toda a investigação.

As razões para a mudança surgiram ocasionalmente, em parte devido à utilização da perspetiva fenomenológica[6] que revelou as suas vantagens na perceção das peculiaridades reveladas pela avaliação da paisagem. A aplicação desta técnica, ao mesmo tempo que resultou num aumento imediato do nível de perceção, abriu ainda uma nova consciência das capacidades ali "escondidas", estimulando continuamente novas análises e escrutínios, dando assim razão ao alargamento do âmbito de todo o estudo.

Um desses motivos de mudança são as posições assumidas pelas bacias rochosas em relação a outros elementos da paisagem, aparentemente denunciando a existência de uma interação entre eles.

De igual modo, a escolha do local determinado pelos autores das bacias (como na foto abaixo) reforça a ideia da existência de inter-relações existentes entre elas, que seriam ignoradas se não fossem referidas (como aconteceria se se seguisse o primeiro modelo adotado para o estudo).

Se se mantivesse a conceção do primeiro projeto, perder-se-iam muitas características interessantes relativas a este ambiente que, de outra forma, perderiam a atenção científica.

Um exemplo da relação espacial aparentemente existente entre as bacias rochosas e formas terrestres estranhas, como a documentada na foto abaixo, é observado com muita frequência nas Serras do Cume e da Ribeirinha, onde os geoglifos representando animais ou pessoas estranhas têm sido ainda hoje ignorados, e provavelmente manter-se-iam secretos se não fosse a investigação sobre as bacias em curso e, sobretudo, se o último formato não tivesse sido adotado.

---

[6] Tiley, C. *Interpreting Landscapes: Geologies, Topographies, Identities: Exploration in landscape Phenomenology.* Left Coast Press, INC, CA 2010

A forma "Lizzard" não poderia ser compreendida, se não fosse a informação trazida de outras culturas[7], adquirindo o sentido da paisagem através dos seus olhos.

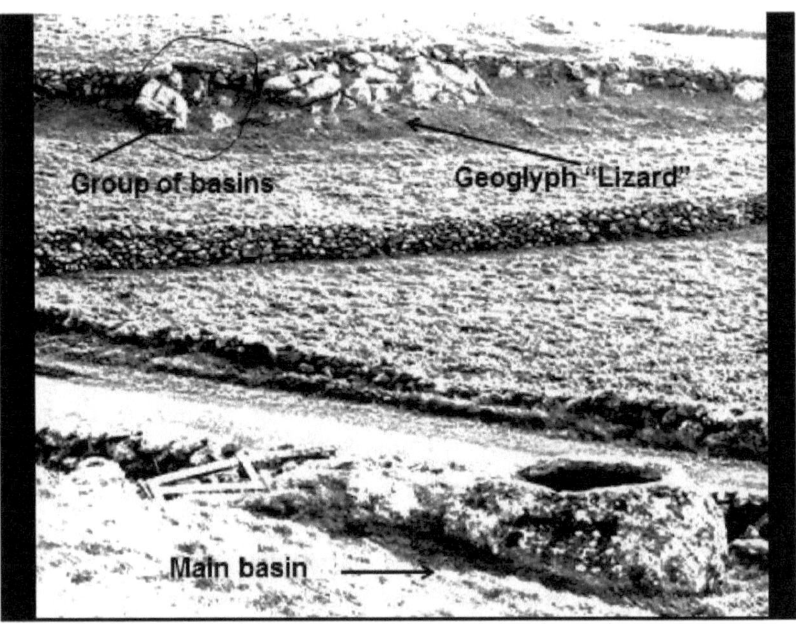

O Geoglifo aqui denominado "Lagarto" é referido nas tabelas pela sua palavra portuguesa

Este outro exemplo de bacias que se misturam com estranhas formas de relevo, mais uma plataforma redonda ao lado de um geoglifo com forma "humana", na Serra da Ribeirinha, teria sido ignorado, se a pesquisa mantivesse o primeiro formato.

Geoglifo "Rapaz" e uma plataforma redonda, mais bacias, na lateral

[7] Antropóloga Lisa McLoughlin, de Nolumbeka Hemlockhouse, nos EUA

Como as bacias começaram a revelar este tipo de relações estabelecidas com os "cut-marks", inscrições esculpidas, orientações espaciais, etc., trazendo uma complexidade geral ao cenário registado, foi necessário tomar a decisão de impor uma alteração ao modelo utilizado.

A perceção adquirida sobre esta nova situação deveu-se a ambas: a observação da natureza das bacias e do seu entorno. A ampla consciência e acuidade sobre as influências mútuas e as possíveis interacções aí existentes parece ter determinado a escolha dos locais para o ato de esculpir as bacias rochosas por parte dos autores.

Como se verificou através da consulta da bibliografia, comportamentos culturais tradicionais relatados noutras culturas e relacionados com formações rochosas semelhantes, aparentemente ocorreram aqui na Terceira no que respeita a atitudes de reverência para com formas rochosas "especiais". Tratava-se de formas de culto, embora possivelmente em vias de extinção, mas com especial informação sobre o território europeu, bem como sobre outras culturas[8] mas sobretudo nas regiões bálticas e nas Américas, onde situações aparentemente semelhantes às que supostamente se verificavam num passado indefinido da Ilha Terceira (nas áreas envolventes das bacias rochosas), tinham práticas culturais ainda activas.

No antigo território da Lapónia, por exemplo, os "rostos de pedra" (semelhantes aos encontrados na Terceira) eram vistos como manifestações de seres espirituais da terra, ou antigos "espíritos da terra", engendrando rituais de oração e reconhecimento[9].

Estes elementos, que inicialmente eram considerados como meros fenómenos naturais potenciais, começaram a emergir do fundo da paisagem tal como eram possivelmente entendidos no passado: não apenas como partes de um fenómeno geológico natural, mas mais como a sua "manifestação espiritual".

A abordagem fenomenológica funcionou de forma surpreendentemente eficiente nesse ambiente, facilitando e revelando componentes (antes despercebidos), mas com forte possibilidade de serem compreendidos como a razão de ser das bacias rochosas.

Esta compreensão do campo de investigação induziu a hipótese complementar de as bacias pertencerem a um "sistema simbólico" que se concebe existir aí e que serviu de motivação para a sua construção.

A questão que se colocava era mais a de saber se este tipo de motivação actuava a um nível subsidiário, sugerindo simplesmente o ato, ou se as bacias eram conscientemente planeadas, o que incluiria a seleção do seu cenário correto.

Tal suspeita foi validada pela exposição topográfica destes objectos que se revelaram (em ambas - Serra do Cume e Ribeirinha) não só como acontecendo na envolvente dos "rostos" ou diretamente ligados a eles, mas também como dominando a arquitetura do espaço.

A foto abaixo mostra a "Pedra Furada", uma rocha especial da Serra da Ribeirinha e o cenário aparentemente criado em sua homenagem. A "Pedra Furada" e uma rocha aberta e antigamente estas rochas eram consideradas poderosas e curativas, mágicas para quem passasse por elas (na totalidade ou apenas num membro), crença comum a

---

[8]Como referido na Bíblia (Antigo Testamento) sobre a atitude dos povos em relação à "Montanha Sagrada" (comentário de Arnold Groth sobre o livro e pesquisa de Emmanuel Anati - "Montanha de Deus", 1986)
[9]Tal como documentado através das tradições Sami, apresentado no segundo volume: "As bacias rochosas da Serra do Cume".

muitas culturas. A sua envolvente está desenhada de forma a obrigar os olhos a olharem para ela a uma distância de cerca de dois quilómetros.

A "Pedra Furada", à esquerda, tem uma bacia especial em frente, alguns metros à frente, e um caminho de retenção que vem da aldeia próxima até às imediações da rocha

No entanto, na mesma serra, a poucos metros de distância (do lado Norte) a atenção dos autores parece ter sido empenhada em formações rochosas com representações de criaturas antropomórficas e zoomórficas, conciliando a disposição de bacias e outros registos com a morfologia da rocha.

Foi em resultado da perceção de uma relação existente entre Geoglifos "faces de pedra" e bacias hidrográficas que o novo estatuto a atribuir a estes elementos permitiu a sua proposta de inclusão no projeto. Ao considerá-los hipotéticas "metáforas"[10] ou

---

[10] Tilley, Christopher, "Round Barrows and Dykes as Landscape Metaphors", in *Cambridge Archaeological Journal* 14:2, 185-203, McDonald Institute for Archaeological Research, Londres, 2004

representações de crenças, como se desempenhassem um papel de insuspeitos lexes da relação homem/terra, ou permitindo entre ambos o estabelecimento de uma "conversa" especial que este tipo de realidade ali existente e documentando uma determinada relação, passaram então a ser reconhecidos como merecedores de serem integrados no projeto.

Com esta hipótese em mente e na esperança de encontrar material suficiente para o seu reconhecimento, a identificação das formas terrestres como "mecanismos de comunicação" imaginários aconteceu quase em sincronia com a leitura da informação literária (alimentada pela pesquisa bibliográfica), tirando partido da comparação imediata entre ambas como fontes de inteligência.

A foto acima mostra o pormenor do conjunto de foles, de duas figuras de formações rochosas aparentemente relacionadas com o "Leão" (uma terceira) todas pertencentes ao Grupo 3 da Serra da Ribeirinha, como se vê na página 24, em vista geral.

Uma possível razão para a ignorância sobre estes elementos da paisagem pode ser o facto de serem tão ingénuos que se confundem com as formas naturais da terra. Também pelo facto de só em determinados ângulos e com determinada luz poderem ser vistas desta forma, torna-se natural olhar através delas. Confesso ter passado várias vezes por este recinto sem reparar nestas formas...

Difícil de representar de outra forma, esta fotografia documenta o tipo de interação que se insinua entre as figuras das duas rochas. O grupo com as duas caras, em cima, parece segurar uma bacia no colo, enquanto a figura do "Leão" em baixo ("Leao" nas tabelas) tem outra bacia, de forma oblonga, escavada no tronco.

Esta figura a que chamo "Leão" tem a forma de um "Altar", fácil de notar numa das fotos, com a bacia a ocupar uma parte do mesmo. Só por si esta peça é uma confirmação das minhas suspeitas sobre toda a área do Grupo 3, aparentemente toda ela dedicada a actividades espirituais.

Muitas das outras situações consideradas como pertencentes a este tipo de interação homem-ambiente estão distribuídas pelos locais em estudo de uma forma tão regular que se tornou uma espécie de rotina encontrá-las e os seus "discursos" juntos.

Tendo sido discutido com a população local (através de inquéritos e entrevistas realizados no âmbito do processo de investigação), cedo se percebeu que aquelas "caras" que por vezes eram mencionadas pelos habitantes locais, quase de forma tímida (talvez envergonhados pelo que é entendido na cultura local como um "absurdo"), poderiam tornar-se um fator capaz de contribuir para a maturidade do atual projeto (em vez de um simples alargamento), dada a relação observável com as bacias, difícil de negar, se não pela sua natureza, pelo menos pelo seu número.

Mais alguns dos muitos exemplos são documentados aqui, não como prova definitiva de qualquer teoria, mas mais para os dar a conhecer e esperar algum feedback, possivelmente notificação de avanços que estão a ser feitos neste assunto em todo o mundo.

Geoglifo "Esfinge" ("Esfinge" nas notas) a terminar o lado Norte do Grupo 3 na Serra da Ribeirinha

O Geoglifo denominado "Esfinge", no Grupo 3 da Serra da Ribeirinha, juntamente com o Leão e os "Terraços" acima, em anfiteatro, parecem ser o centro de várias outras manifestações, como se pode ver em duas outras fotos abaixo.

É importante notar que a perceção desta relação entre as bacias e as formas do terreno não foi suportada apenas pela sua proximidade, mas também por muitas outras construções que completam a arquitetura de cada um destes complexos, como por exemplo, os "bancos" de pedra esculpidos na sua proximidade, rodeados de entalhes, marcas de corte, etc.

Precisamente na parte de trás da "Esfinge", por exemplo, existe um destes "bancos" (na foto abaixo) virado para o lado oposto da Esfinge mas ligado a ela por um conjunto de cinco bacias, tendo também linhas esculpidas na parte de trás, escondidas numa fissura (como se fosse secreta). Uma certa solenidade faz parte do "espírito do lugar", que conta também com outros elementos importantes.

Nordeste da Serra da Ribeirinha, nas costas e lado direito da "Esfinge"

Ao acrescentar ao registo das bacias rochosas uma substância capaz de melhorar a sua inserção num contexto compreensível, as novas descobertas não só facilitaram algumas percepções diferentes, como também trouxeram à luz um contexto geral em que as muitas questões levantadas ao longo do contacto com o campo de investigação podem sugerir algumas respostas possíveis.

O desenvolvimento da investigação neste sentido resultou também do conhecimento adquirido sobre estudos como o de Antti Lahelma (Professor da Universidade de Helsínquia), entre outros (seus colegas, embora não traduzidos para inglês), que deram conta de achados comparáveis no Norte da Europa[11] , tão semelhantes ao presente caso que ignorá-los pareceria pouco ético (ainda que com o objetivo de manter a integridade do projeto, persistindo nas suas linhas de ação e âmbito inicialmente traçados).

De facto, a conjugação da informação bibliográfica, com o efeito provocado pelas figuras antropomórficas e zoomórficas "descobertas" na área foi tão inesperada quanto inspiradora para orientar a investigação de forma a permitir discutir outras hipóteses, como o reconhecimento destas formas como: a) mais um possível fator determinante para a construção das bacias; ou b) a necessidade da sua inclusão no sistema simbólico, onde quer que apareçam (desde que acompanhadas de bacias rochosas) no sistema simbólico, onde quer que apareçam (desde que acompanhadas de bacias rochosas).

O reconhecimento a atribuir às várias peças pertencentes a este ambiente tornou-se uma forma constante de pressão para a sua inclusão no projeto.

11Antti Lahelma, *A Touch of Red - Archaeological and Ethnographic Approaches to Interpreting Finnish Rock Paintings,* impresso em Waasa Graphics Oy, Publisher: The Finnish Antiquarian Society, Helsínquia Vaasa 2008 (Web PDF)

Esta bacia particular de grandes proporções (60cms de diâmetro por 30cms de altura) encontra-se também do lado da "Esfinge" mas à esquerda e virada para Noroeste. Apresenta um pormenor particular que será analisado mais à frente: a área escolhida para derivar o corte de drenagem. Neste caso, como em muitos outros, o autor quis contrariar a inclinação natural do terreno. A paisagem em frente mostra o início do Grupo 4 da Serra da Ribeirinha.

Numa primeira visão, e dada a organização topográfica dos objectos na Serra do Cumo, a esquematização de cada conjunto de bacias (bem como dos restantes símbolos gráficos), apresenta a proposta de se considerar as "faces de pedra" como o principal incentivo, ou estímulo, à construção das bacias. No entanto, como as bacias de pedra aparecem noutros locais, aparentemente motivadas por outros agentes, a sua presença não pode ser associada exclusivamente a este fator, pelo que não poderia ser considerada como uma relação do tipo "causa/efeito"

A foto mostra a bacia esculpida em dorso de leão, no Grupo 3 da Serra da Ribeirinha, apresentando uma forma estranha e dois ralos

Esta compreensão veio também da informação que fluía diretamente das bacias: pela natureza das rochas escolhidas (rochosas, não erráticas), pelas suas formas (modelos) assumidas em diferentes situações, bem como pelo corte do sumidouro, também ele uma forte fonte de novas informações (a discutir mais à frente), todos estes elementos "externos" obrigaram a uma nova atitude integradora do estudo.

Ao possibilitar uma maior consciencialização sobre o tipo de interação provável que aqui se estabeleceu através da relação homem/ambiente, o novo âmbito da investigação (facilitado pela perspetiva fenomenológica) permitiu também apontar para o valor da paisagem cultural vista através desta ótica, de forma a transformar estes novos elementos em peças importantes do património natural local (a integrar na perceção da paisagem cultural) também atractivas para a indústria do turismo, embora de uma forma diferente do turismo arqueológico geral. Porque os sinais que indicam a existência de uma metáfora paisagística planeada são tão subtis, necessitam de uma observação profunda e cuidadosa.

Consequentemente, olhar para eles como mais uma instância deste puzzle (em vez de um estranho) foi considerado útil na reconstrução mental deste cenário, no âmbito do objetivo do seu escrutínio.

Ao longo do processo tornou-se necessário, portanto, enfatizar o papel desempenhado por esses elementos da paisagem (figuras antropomórficas e zoomórficas ocupando lugares relevantes na perspetiva da paisagem), como possíveis componentes de um sistema simbólico. Instigada pela sensibilidade sensorial (proporcionada pela atitude fenomenológica) adoptada em consonância com a informação literária: os dados bibliográficos e a reprodução de pinturas antigas de rituais paisagísticos que se sabe terem acontecido no passado à volta do Mar Báltico em circunstâncias aparentemente semelhantes, começou a surgir a consciência sobre os elementos constitutivos deste cenário.

A reunião de todos estes factores deu consistência à hipótese sobre a existência de uma intencionalidade apurada motivando a construção dos núcleos de bacias: ou sendo planeados de acordo com a geografia dos locais onde as "faces de pedra" (ou outros motivadores) ascendiam do leito rochoso, ou utilizando outro tipo de referências (tais como: alinhamentos astronómicos) - como motivo para a sua construção.

Todos os elementos tomados em consideração permitiram, como entendimento final, a hipótese de que as bacias rochosas foram utilizadas como parte de um vocabulário simbólico e não como "actores principais" como se pensava inicialmente. Esta conclusão decorre da observação de que, na Grota do Medo, elas surgem como complemento das construções das antas (sobretudo encimando a rocha de cobertura)[12] ; na Serra do Cume, parecem completar o conjunto das faces pétreas; e na Serra da Ribeirinha, a sua possível função (embora ainda não esclarecida) exprime-se de forma muito forte, do lado Norte, enquanto que do lado Sul é completamente diferente. Dada a curta distância entre os dois locais, parece estranho, sugerindo assim outros motivos para a sua implantação.

Nesta última fase do estudo, espera-se que, através da reunião de todos os dados (recolhidos nos três locais em estudo), surjam algumas informações novas, como uma gestalt do fenómeno. Também a intenção de aplicar um modelo matemático

---

[12] Embora também em situações isoladas, só por si.

computacional ao material recolhido está a ser tida em consideração e será aqui deixada a outros investigadores, através da publicação dos principais dados recolhidos e do pedido de informações privadas, se necessário.

III - Revisão da missão

1 - Olhar para trás

Recordando como esta paisagem foi primeiramente definida pela cultura local (como "as melhores pastagens") e como era forte a vontade de impor esta interpretação particular de tal "realidade", na obrigação social quase tirânica de pressionar o conformismo com tal "senso comum" (reprimindo fortemente e negando as evidências), é surpreendente ver a mudança.

Toda esta situação tornou evidente a necessidade de ter em conta as distorções da realidade que podem ocorrer (forçadas pela pressão social) e a necessidade de manter o contacto com aspectos da "realidade", para além dos socialmente definidos e impostos.

Assim, embora mantendo como objetivo principal deste projeto o registo das bacias rochosas (e correspondentes objectos envolventes), outras disposições começaram a tomar forma, em simultâneo com a publicação das três primeiras monografias, após a informação relevante que foi surgindo do escrutínio da paisagem, que tornou claro que um simples registo das bacias não seria suficiente, mesmo sob o modelo académico da monografia (que estava implícito), para fazer a apresentação destes objectos à consideração do público (e do meio académico) em geral.

A "obrigação moral" de proceder a uma alteração do modelo deveu-se ao facto de as bacias terem começado a assumir um papel onde - para além de serem o "objeto" a estudar - se revelavam também como parte de um complexo sistema simbólico baseado num "diálogo" estabelecido pelo homem com a terra, de tal modo que, para a Serra do Cume (e parcialmente, na Ribeirinha), os "rostos de pedra" parecem ter tido o papel principal na formação cultural da paisagem, onde se destacam como o fator aglutinador entre os elementos de cada conjunto, sendo as bacias (aparentemente), apenas um acessório.

De facto, seguindo os padrões que os "rostos" desenham na paisagem, e a acumulação de outros "sinais" na sua proximidade, parecem pertencer a um "sistema de comunicação" em que o seu papel é o mais importante.

Foi com base nesta suspeita (ou hipótese?) que uma extensão do projeto se revelou uma necessidade imperiosa.

No caso da Grota do Medo, este diálogo parece estar presente nas formas que as bacias assumem, quando implantadas no topo das Antas: diferentes das outras bacias que se encontram dispersas pelos campos.

Também na Serra da Ribeirinha (monografia "Picos Atlânticos...") as diferenças entre as bacias de um lado e de outro da serra, parecem estar relacionadas com uma terceira causa, embora possivelmente semelhante às duas anteriores.

Nos três locais pesquisados, existe a possibilidade de as bacias serem um elemento de um discurso que ali se desenrola entre elas e a terra. Dada a repetição destas situações que, apesar de serem diferentes em cada caso, o "discurso" assumiu aspectos correlacionais semelhantes, há uma forte possibilidade na hipótese proposta.

No caso da Serra do Cume, um outro facto ajudou a desencadear a mudança do projeto. Observando as "faces" e os seus componentes envolventes, é possível notar, num primeiro olhar, as diferenças significativas existentes na configuração dos elementos de cada conjunto, (dentro dos sete grupos) como se todo o conjunto estivesse inter-relacionado e dependente, quer das características gerais do ambiente aí existente, quer das faces para a construção do significado de cada unidade.

A consciência da situação em que tal hipótese se instalou fez com que se deixasse uma interrogação para estudos futuros: - o que terá motivado as diferenças existentes entre as três áreas geográficas em estudo? Poderá ser semelhante ao que acontece no caso da Serra do Cume, entre os sete Grupos distintos?

Poderá ser atribuído a:

- a) diferenças na personalidade dos autores de tais registos, introduzindo novamente a possibilidade de cada uma das suas "criações" serem formas de transmitir uma comunicação "pessoal"; ou de

- b) um processo psicossocial de estabelecimento de identidades grupais diferenciadas, em que o resultado da descrição de cada Grupo poderia ser visto como a sua "identidade gráfica"[13] , entendendo por "gráfica", não só cada uma das gravuras, mas também as bacias rochosas, bem como a arquitetura de todo o espaço.

Embora a identificação e caraterização dos grupos sociais responsáveis por estas construções não tenha sido prevista (e não fará parte do projeto em si), as diferenças existentes nas configurações por eles criadas foram de tal forma evidentes que se tornaram obrigatórias de serem sublinhadas e mesmo desenhadas de forma aproximada através de abordagens distintas e específicas.

Ambas as fotografias mostram um dos tipos de motivos por vezes gravados na superfície inferior das bacias rochosas. Neste caso, a delineação de um perfil em "v" repete-se com algumas variações numa bacia rochosa isolada, situada na parte mais baixa do Grupo 1 da Serra do Cume, apoiando algumas figuras de pedra (Leoas).

As "ranhuras", como são chamadas estas reentrâncias, estão a ser tema de discussão entre especialistas em dúvida sobre a natureza de outras semelhantes: se naturais ou feitas pelo homem. Mas o debate tem lugar sobre um tipo diferente de

---

[13] Expressão geralmente utilizada para designar desenhos pré-históricos, mas que parece apropriada para este caso.

rocha[14] . A ilha Terceira poderia fornecer muita informação sobre o assunto.

A pedra que sustenta as duas bacias referidas na fotografia anterior

É em resultado das complexidades reveladas pelas topografias em cada uma das três localizações geográficas (agora vistas em comparação umas com as outras) que todo o estudo/projeto começou a apontar para o absurdo de isolar um dos itens quando se sabe que a sua integridade pode depender da existência de uma situação muito mais complexa do que a inicialmente definida.

Assim, não esquecendo que o principal objetivo deste projeto foi a operação de registo das bacias rochosas e a sua respectiva caraterização de uma forma tão pormenorizada quanto possível, a referência aos restantes componentes pertencentes a cada grupo de estruturas (depois de cuidadosamente apreciados) tornou-se agora de certa forma obrigatória, dado que podem ser essenciais não só para a caraterização do fenómeno cultural per se mas também como primeiro passo para estudos posteriores (dada a quantidade de informação extra que aqui será apresentada e oferecida para

---

[14] D. Shepherd e F. Folley, "Strange Grooves in the Peninnes, United Kingdom", Rock Art Research, 2016, Vol.33, Número 1. pp. 89-97

esse uso).

Consequentemente, uma definição aproximada de cada uma das áreas, agora reconhecidas como compostas por: cabeças de pedra / bacias / menires / gravuras / dólmenes - tornou-se uma espécie de "exigência ética".

Inscrição da Grota do Medo

Mas esta procura não é tanto para fins académicos (pois poderá motivar outros estudos a realizar mais à frente) mas também para ser utilizada no projeto turístico[15], que aqui se desenvolve em simultâneo (através de uma constante informação pública), e sobretudo para a sensibilização cultural e construção da nova "identidade da terra" psicossocial.

Assim, uma avaliação do que poderia compor a "identidade gráfica" de cada uma das três grandes áreas passou a ser integrada no projeto (embora não em profundidade) como uma das suas "práticas", em que o cadastro das bacias, embora ainda prioritário, passou a ser mais uma das tarefas.

Da mesma forma, o impacto do estudo junto das populações vizinhas, (que fazia parte do projeto de estudo) primeiramente através de um contacto direto (entrevistas, apresentações de discursos, exposições em PowerPoint, etc.) pareceu tão diluído que, tendo em conta o papel pedagógico proposto para esta parte, foi substituído por uma divulgação de toda a ação nas redes sociais (principalmente no Facebook).

Durante o período de 2016/2017, a passagem de informação através destes meios, bem como os artigos do jornal local (publicados regularmente, semanalmente) por períodos de dois meses (seguidos de um mês de intervalo) permitiram à população local uma informação regular do progresso do estudo.

A estação de televisão local também participou, embora de forma modesta. Estas acções foram intercaladas com as visitas de 5 cientistas convidados (pelo menos dois

---

[15] O desenvolvimento de um plano economicamente sustentável para a apresentação destes resultados está incluído neste projeto, tal como definido no Volume II

deles de renome internacional), trazidos com a ajuda dos municípios.

A influência causada por este estudo na forma como as populações percepcionam o seu ambiente parece ter obtido uma resposta positiva. A partir de agora, instalou-se uma consciência da sua complexidade.

O balanço da situação e da ausência de reação inicial das populações rurais foi entendido como uma atitude de conformidade com a posição das autoridades (que definiram os vestígios arqueológicos como "sem interesse para o estudo").

Também se reconheceu que, devido à localização destas estruturas, principalmente em picos de difícil acesso e longe de áreas residenciais (com concisas excepções), isto pode ter contribuído para a manutenção da distância emocional inicialmente notada.

A solução encontrada para a utilização da Internet na difusão desta comunicação junto das populações vizinhas resultou, de facto, numa forma muito mais eficaz de transmissão da mensagem. Mas a verdadeira dimensão da influência do estudo para um fenómeno (mundialmente) conhecido foi conseguida através do lançamento de uma ponte entre os interessados na criação de uma rede baseada na divulgação e alimentação de notícias sobre estes achados. Os objectivos da interação então estabelecida serviram simultaneamente para a vinculação e identificação psicológica/cultural a estabelecer com os mesmos e para a clarificação da aparente relação existente entre os resultados e a sua paisagem cultural. Toda a rede informal serviu também para o estabelecimento do que se pode considerar a base para uma futura rede de turismo economicamente sustentável, através do contacto com agências não oficiais.

De igual modo, a colaboração prestada pela Câmara Municipal de Angra[16] , disponibilizando um espaço na sua página de Internet, onde a informação sobre as áreas geográficas em estudo (afectas à sua jurisdição) era aberta e aconselhada para consulta, contribuiu para a atribuição de uma maior amplitude de exposição fotográfica ao público.

Essas foram as mudanças impostas no primeiro formato e escopo do estudo, mas outras formas de intervenção junto à população também ocorreram, como será apresentado ao longo do texto.

2 - Trazer dúvidas para discutir

As diferenças reconhecidas como ocorrendo entre as três áreas em estudo (e os seus aglomerados de bacias) desafiam a crença de serem elas o resultado de mera coincidência (como eram formalmente vistas pelas populações locais), como um fenómeno de meteorização, por exemplo, ou provocado pelo homem.

O ponto de vista defendido por estas pessoas baseia-se numa sequência de raciocínio que precisa de ser alargada e confrontada com argumentos positivos/negativos, antes de se chegar a qualquer fase de aprovação/integração das conclusões.

Porque a questão das incertezas, e mesmo das descrenças sobre a natureza deste fenómeno, tem sempre lugar em cada conversa com as populações locais, estas têm sido desafiadas a verbalizar o raciocínio como um processo de dúvidas/discussão.

Responsável por cada uma das áreas, é normalmente tratado pelo método pergunta/resposta, usando como perguntas (Q) o tipo de críticas mais comummente formuladas pelas populações vizinhas do fenómeno, e como respostas (A), os meus argumentos, como se segue:

a) Sobre a credibilidade geral do objeto de estudo (bacias rochosas)

Q. - Acredita mesmo que estes objectos são "feitos pelo homem"?

A. - Sim. Esta afirmação é defendida pelos relatórios geológicos que declaram que as bacias esculpidas e os sulcos envolventes (em menires e lajes horizontais ao nível do pavimento) não são atribuíveis ao desgaste natural da rocha. Embora se saiba que algumas bacias/formas resultam da erosão (bacias de solução[17]), a maior parte destas, dada a composição da rocha, que não permite a ocorrência de tal fenómeno nas formas aqui observadas, são de origem humana, como se pode comprovar, também, pelos entalhes efectuados no seu interior, bem como pelo escoamento que a maior parte delas possui;

Q. - Se assim for, a sua função era conservar a água da chuva para o gado e para as pessoas.

---

[16] Esta posição foi seguida pela Biblioteca Pública de Angra

[17] Como descrito por Robert Arthur Wray, da Universidade de Wollongong, em *Solution Land Forms in Quartz Sandstones of the Sydney Basin,* 1995, onde o autor apresenta exemplos do fenómeno em diversos tipos de rochas.

A. - Alguém beberia esta água suja e imunda?

b) Sobre o objetivo do entalhe das ranhuras
Q. - Considerando a hipótese de esta enorme quantidade de gravuras ter sido feita pelo homem, que tipo de objetivo teriam?
A. - Pode ser considerado um "sistema de comunicação", como os marcos do território, por exemplo.
Q. - Sobre a utilidade de tal ferramenta: dado o isolamento da ilha, um sistema de comunicação desta dimensão seria dirigido a quem?
A. - Pode ser simplesmente um sistema de símbolos que funcionam como marcas de identidade, dentro das culturas locais, expressando e diferenciando internamente cada grupo.

M. O estudo a carvão de Martins para uma pintura mostra o início do interesse do artista local por esta paisagem rupestre. A Pseudo Ponte aqui projectada cobre possíveis vestígios neolíticos, a necessitar de ser exposta.

c) Sobre a produção cultural
Q. - Tendo em conta o (hipotético) isolamento de tais grupos e a necessidade que parecem manifestar para a criação de tais marcas (revelada pelo volume de trabalho aqui plasmado) que tipo de função cumpririam tais marcas/construções?
A. - Uma das respostas enquadra-se no que atualmente se reconhece como "Cultura"... no sentido em que sem ela o homem não existe. No entanto, significa também que, embora sendo uma manifestação cultural, podem também ter um objetivo utilitário, como por exemplo, marcar espaços, expressar sentimentos, etc., como se propõe explicar noutros locais.

A discussão sobre estes temas tornou-se habitual (quando comparada com a situação anterior de total ignorância sobre a sua existência). Embora sempre contrariadas pelo paradigma histórico imposto a longo prazo, as pessoas começaram a trazer a questão da mudança como uma hipótese a ter em consideração.

Esboço de Verónica Melo numa das bacias rochosas da Serra do Cume

IV - Desenvolvimento da base teórica:

1 - O paradigma da "Cultura

A persistente necessidade de obter um contexto compreensível para as paisagens em estudo impôs uma revisão geral das teorias relacionadas com outros locais de aparente natureza semelhante, procurando sempre possíveis paralelismos com outros já classificados e considerando a necessidade de uma futura abordagem arqueológica (com o objetivo de datação).

A consulta e avaliação da literatura existente dispersa por revisões literárias permitiu várias chaves de abordagem à natureza enigmática destes registos; embora baseadas em hipóteses simples, todas elas coincidem com uma certa "intencionalidade" conducente às construções aí existentes.

O problema colocado nestes termos implica que o conceito de "cultura" deve ser considerado como a principal fonte e motivação para o comportamento em questão.

Uma vez que a utilização exclusiva de uma disciplina (a antropologia do espaço) poderia enviesar os resultados, decidi acrescentar a essa tentativa perspectivas adicionais fornecidas por outros campos académicos que lidam com a cultura do ponto de vista da comunicação, embora mantendo a "cultura" como foco central.

Uma das teóricas que defendem o conceito de "cultura" para descrever a natureza de casos semelhantes ao que está em causa é Lucia Santaella[18] , que sustenta que os registos rupestres (em geral) representam uma das primeiras manifestações da comunicação humana (ao mesmo tempo que revelam informações importantes sobre o processo de identificação, reprodução e transformação dentro dos grupos sociais). Defende ainda que todo o fenómeno cultural só funciona porque é também um ato de comunicação, tornando-se assim, *lato senso,* uma forma de linguagem.[19]

De facto, a aplicação do conceito de "Cultura" à perceção que os "registos rupestres" aqui em análise nos confiam, implicou que o papel que parecem desempenhar poderia ser o de comunicação, neste caso estabelecendo uma base para um tipo de linguagem (em substituição da linguagem verbal, quer integralmente, quer como seu suporte físico). Isto acontece se aceitarmos os sinais gráficos como um ato de "cultura", e portanto, um substrato da parte semântica da mensagem.

---

[18] Professor da Pontifícia Universidade Católica de São Paulo e teórico da semiótica.
[19] Lúcia Santaella, *O que é Semiótica,* São Paulo: Brasiliense (Col. Primeiros Passos), 1983, 7-14

Tal entendimento, que se tornou mais evidente através da observação das especificidades de cada uma das construções em torno dos Geoglifos (e assumindo que os Geoglifos eram vistos como "manifestações de espíritos da terra" - como ainda o são em várias culturas), sugeriu que poderia ser aceite não só como "cultura", mas também como uma forma de expressar essa crença e como parte das representações semânticas locais utilizadas para tal.

De facto, considerados como um artefacto cultural, estes registos rupestres podem ter muitas descrições possíveis, dependendo do ângulo de observação. No entanto, a hipótese aqui utilizada parte do princípio ou da aceitação de que as manifestações em torno dos geoglifos (figuras geológicas naturais com formas antropomórficas e zoomórficas) e dos petróglifos (bacias, inscrições, ou outros objectos feitos pelo homem) seriam o resultado de uma atitude geral em relação à terra (especificamente no que diz respeito às figuras antropomórficas e zoomórficas) expressa através das marcas rupestres, seguindo uma espécie de gramática semelhante à que os "morfemas" fazem quando complementam a expressão de ideias através do discurso verbal/oral.

Nesta situação, embora diferentes da perceção do homem comum de hoje, podem ser aceites como fragmentos da língua aí existente e, portanto, integrados no quadro geral.

2 - Ver os "registos" como uma forma de linguagem

Embora carecendo de uma análise mais aprofundada, a proposta de encarar estes artefactos como "formas de linguagem" surgiu espontaneamente, não só pela sua natureza, mas também pela sua apresentação espacial ou topográfica.

De facto, os locais escolhidos para a sua exposição, bem como o trabalho realizado na rocha, embora muito humilde (mas existente em número impressionante), permitem a apresentação de tal pressuposto, que se torna ainda mais evidente quando visto através da opinião de Noam Chomsky (como especialista em linguagem) sobre formas de comunicação baseadas naquilo a que chama "representação semântica".

Apesar de não ter sido Noam Chomsky o primeiro linguista a recusar o dualismo instalado entre "ciências naturais" e "filosofia ou literatura", ele assumiu uma posição forte na defesa de uma atitude de conciliação entre mente/corpo, propondo que as "associações mentais"[20] devem ser consideradas como ocorrendo como elementos do mundo natural, e especialmente considerando que "a língua é um objeto natural" (além de ser também - mas não só - um instrumento sofisticado de comunicação). Esta perceção resulta da sua posição conciliatória, preconizando uma abordagem naturalista da linguística, (que é também a que aqui se adopta). Para Chomsky, isso acontece quando aspectos mentais da interpretação do mundo (na sua clarificação de "linguagem") se misturam entre os dois campos, propondo a construção de teorias explicativas inteligíveis. Nesse sentido, ele sugere que há pelo menos duas formas diferentes do que ele chama de "representação semântica", uma seguindo as regras da gramática e outra determinada por regras que não fazem parte da gramática, mas mais próximas do significado oculto que certas coisas têm para certas pessoas - chamadas também de regras de interpretação semântica, "... que operam sobre representações em LF juntamente com outras representações cognitivas."(195/6)[21]

Assim, o desenvolvimento de tal entendimento na leitura dos registos rupestres como "cultura", e sobretudo como forma de comunicação, e mais ainda - como "linguagem" - não é uma novidade. Este reconhecimento é mais ou menos evidente, ou pelo menos implícito, na maioria das investigações em curso (como já foi referido, ao considerar o trabalho de Philippe Descola[22]) nas situações que propõe para

---

[20] Noam Shomsky, (Mind) *Language and Nature,* Oxford University press, 1995
[21] Noam Shomsky, *Essays on form and interpretation,* Nova Iorque: North-Holland, 1977, Em Revista de
I) Terence Langendoen, *The Journal of Philosophy,* Vol. 75, No. 5 (), pp. 270-279, maio de 1978
[22] Em *Atlantic Peaks with Rock Basin,* 2016, todos editados por LAP LAMBERT Academic Publishing

interpretar comportamentos semelhantes.

A originalidade neste caso reside no facto de esta produção particular de cultura (aqui considerada como uma forma de comunicação) expor o papel que as "representações cognitivas" podem ter tido na comunicação, ao mesmo tempo que induz formas de "representações semânticas" para elas através de formas gráficas realistas.

Para além disso, e considerando que as paisagens são capazes de impor uma ordem no comportamento humano, afectando ambos os níveis - consciente e inconsciente - como foi anteriormente observado e referido[23] e a Antropologia do Espaço tem vindo a reafirmar ultimamente, a forma como a interação entre os seres humanos e a paisagem tem sido exemplificada na arquitetura aqui em apreciação, pareceu confirmar a teoria, exercendo um poderoso efeito emocional ou (noutros casos) físico, sobre os espectadores.

É comum ouvir as suas manifestações de felicidade e alegria pelo simples facto de estarem ali a apreciar. E da maioria deles, para além desta atitude, ouço também comentários sobre a riqueza dos sentimentos ali sentidos, que a maioria nem tenta descrever, mas especula sobre se será resultado da altitude ou se será devido à natureza das pedras (traquito), tão diferentes do "normal" basalto açoriano.

A gratidão é a afirmação mais comum, juntamente com o objetivo de regressar, com mais tempo para se sentar e meditar.

---

[23] Um bom exemplo é apresentado por Claude Lévi-Strauss em *Tristes Trópicos* (1955) ao descrever a confusão instalada entre a tribo Bororo quando colocada num ambiente arquitetónico diferente.

Na análise deste ambiente, e considerando a hipótese de serem as bacias rochosas parte de um sistema simbólico (como parte de uma linguagem) esta abordagem pode trazer uma nova perspetiva (não só para o seu estudo específico, mas também facilitando outros estudos complementares) ao propor ver todas estas construções como rudimentos de cada um destes sistemas de comunicação, quer tendo um papel funcional idêntico ao dos "morfemas" na linguagem verbal, quer constituindo uma parte de um "discurso" mais vasto relativo à alegada linguagem que o homem estabelece com a paisagem.

Em todo o caso, a arquitetura mística paisagística resultante foi bem conseguida.

No conteúdo dessa conversa entre o homem e o seu ambiente, a metáfora proposta parece funcionar quer através da ideia de um ser "místico" (que poderia assumir diferentes expressões consoante a natureza da paisagem), quer integrada na cultura do grupo social que participa na sua tradução. Considerando esta comparação como funcionando sob a égide do domínio cognitivo, já havia, no entanto, a expressão implícita de um "bem imaterial", muito mais próximo do domínio intuitivo, como um significado oculto, e/ou uma "interpretação semântica", para cuja expressão é necessário um certo tipo de linguagem, que parece ser aqui utilizada.

Não é difícil aceitar que o "sistema de linguagem" supostamente composto em torno das figuras zoomórficas e antropomórficas (na Serra do Cume), ou da "Pedra Furada" (na Serra da Ribeirinha), ou ainda dos dólmenes com as suas "bacias de topo", bem como da metáfora do "Axis Mundi" (na Grota do Medo), congregasse informação tão forte e icónica!

Por outras palavras, quando todos estes elementos forem estudados[24] , e aprofundadas as partes que assumem na composição desta linguagem, poderão proporcionar a compreensão da "interpretação semântica" aí utilizada, como chave necessária para reconhecer o tipo de "dissertação" que tem lugar em cada um dos lugares. Tal feito permitirá apresentar estas paisagens quase como um tratado de "representações semânticas" de uma língua especial (uma língua de pedra).

No entanto, o seu estabelecimento na topografia de cada espaço, construindo uma "auto-paisagem" específica de cada localidade geográfica, é uma manifestação clara daquilo que Philippe Descola definiria como "Paisagem Metafórica": uma paisagem onde as partes importantes de uma ideia, aquelas que são difíceis de abordar verbalmente[25] , são fisicamente erigidas.

Se as bacias rochosas estão a desempenhar este papel, quer quando se posicionam "em cima" de algumas figuras, quer quando definem áreas na envolvente de objectos importantes, ele tornou-se efetivo. Também o outro papel que se presume estar a ser desempenhado pela proximidade das "marcas de corte", bem como as suas orientações (como possíveis participantes no "ato" das bacias rochosas), devem ser vistos como fragmentos complementares da semântica subjacente a esta "conversa" (sem esquecer os ortóstatos esculpidos, ou menires, indubitavelmente perturbados nos seus alinhamentos formais).

Considerar todos estes traços como fragmentos complementares da semântica, ou partes de um mesmo discurso sujeitas a um significado semelhante, deve ser uma das linhas a aplicar na análise dos dados recolhidos.

---

[24] Através das estatísticas da sua interação espacial e morfológica (por análise de factores ou outras técnicas)
[25] Descola, Philippe, "le concept de nature est une invention de l'Occident" Entrevista Natureza/Cultura, https://www.youtube.com/watch?v=SWaB7bI3MF0

Esta linha de interpretação facilitará a perceção do seu papel hipotético na definição da forma linguística resultante como "representações semânticas de ideias". Esta opção pode permitir traduzir para termos actuais a conceção principal subjacente ao espaço em observação (que pode ser uma conceção mística, tal como uma conceção industrial, ou ainda uma conceção agrícola).

A questão é que, se existe uma relação direta (como num sistema) entre a materialização arquitetónica destes elementos - e a morfologia final alcançada, eles podem ser entendidos como parte de uma fabricação semiótica. Assim, há também uma boa hipótese para a existência de uma espécie de "gramática" (se considerada como expressa por esta "linguagem da paisagem").

As hipóteses apresentadas para consideração, são apenas pontos de partida para reflexões posteriores, tendendo a tornar-se exercícios integrados no processo geral de interpretação. Representam uma camada dos materiais constituintes a partir dos quais o cenário de clarificação pode tomar forma, conduzindo a uma razoável realidade contextual. Mas, por baixo delas, e de forma mais profunda, há ainda outras dinâmicas e influências a ter em conta, como por exemplo:

- Quais poderão ser as motivações subjectivas por detrás da "conversa de pedra" que acabamos de expor?
- Porquê tanto esforço para o produzir?

3 - *"Perfis culturais gráficos"* por detrás de *"Sinais"*

Os grupos civilizados são tão dependentes da linguagem verbal que, na presença de informação do tipo da que está a ser mostrada, são incapazes de a reconhecer ou de distinguir os seus indicadores como diferentes das formas naturais da terra (e muito menos de os ver como complementos de uma forma de linguagem).

Esta falta de sensibilidade pode ser o resultado do uso exclusivo da linguagem verbal ou escrita. Mas também pode ser atribuída ao divórcio estabelecido entre o processo mental e o mundo natural (como foi observado por Noam Chomsky).

No caso presente, dada a familiaridade já estabelecida com esse ambiente, não é difícil considerá-los como "morfemas" de uma gramática especial (que ainda não pode ser lida). Da mesma forma, é possível entendê-los como "sinais" de um outro "sistema linguístico" (desconhecido), ou mesmo como detentores de outras capacidades ainda não investigadas. Mas as dificuldades encontradas não levam à negação da sua existência.

Do mesmo modo, a perceção destes artefactos como resultantes da necessidade de "expressão cultural" pode permitir a deteção e articulação de idiossincrasias próprias de cada uma das áreas geográficas em observação, ou mesmo interrogar-se sobre a "personalidade" dos autores destas manifestações a quem se poderão atribuir as diferenças.

Todos estes tipos de tratamentos podem ser efectuados se forem fornecidas as informações necessárias, ou se o "inventário" incluir pelo menos algum tipo de referência a eles, indicando a sua proximidade em relação uns aos outros, ou mesmo a sua presença no mesmo cenário das bacias registadas. Em qualquer um desses casos, elas passam a fazer parte do conjunto paisagístico.

Embora diferentes da análise aplicada para a leitura de uma língua escrita/falada, estas outras "gramáticas" poderiam fornecer ainda outros tipos de informação, por exemplo, se forem vistas como capazes de notificar sobre a existência de *perfis culturais* (ocultos) (que podem ser expressos *graficamente)*, funcionando como outros meios de expressão para os seus autores.

Esta capacidade acrescida da semiótica, de permitir a captação de informação sobre o significado e as motivações (por detrás dos comportamentos), permite chegar a uma camada mais profunda de sondagem, especialmente quando o interesse é inquirir o contexto cultural de qualquer pessoa ou objeto de estudo.

Por detrás das outras formas de gramática, que pretendem descodificar o que está a ser dito, vai-se mais fundo, tentando perceber qual foi o "pensamento" por detrás (individual ou social) ou mesmo qual a cultura dominante.

A semiótica pode, assim, tornar-se um instrumento cultural na utilização da leitura da sabedoria possível após o instrumento, ou aprofundando o que foi a "necessidade de expressão" por detrás do objeto em questão. Considerar o ato de "expressão" como resultante de uma necessidade física, ou algo que se revela como uma "pulsão", comum a todo o homem, bem como a outras formas de vida, permite atingir outros níveis de compreensão do presente objeto de estudo.

Deste modo, e contemplando quaisquer sinais rupestres não só como formas de expressão artística mas também como contendo informação cultural, que pode ser lida como uma linguagem (eventualmente expressa compulsivamente) mas possuindo camadas de conhecimento, inteligência, formas de comunicação, etc., próprias de um grupo específico, a sua abordagem nessa qualidade revela-se obrigatória para se obter o máximo (e mais profundo) de informação possível.

Mesmo não dando a esta parte da análise dos dados registados a atenção que merece, pelo menos será aqui remetida para outras abordagens. Saber que os sinais devem ter tido um determinado significado no passado para o grupo que os produziu deve ser suficiente para incentivar um estudo sério (mais profundo), cujas premissas já foram aqui ponderadas.

Thomas Sebeok, que estudou a questão, recolhendo várias teorias sobre o assunto, sugere que:

Cada espécie produz e compreende certos tipos de sinais específicos para os quais foi programada pela sua biologia. Estes podem variar desde simples sinais corporais até estruturas simbólicas avançadas, como as palavras. Os signos permitem a cada espécie (1) assinalar a sua existência, (2) comunicar mensagens dentro da espécie e (3) modelar a informação recebida do mundo exterior. A semiótica é a ciência que estuda estas funções.[26] (p.3)

De cada ponto de vista (e camada de sondagem), quer como parte de uma *linguagem simbólica,* quer como expressão (em toda a linguagem) de *perfis culturais gráficos,* torna-se, em qualquer caso, uma imposição cultural a ter em consideração, quer como referência interna, quer também como resposta viável a questões normalmente levantadas por pessoas que abordam materiais com conotações tão

[26] Sebeok, Thomas, "Signs. An Introduction to Semiotics", University of Toronto Press Incorporated, Segunda Edição 2001

profundas.

Bacias rochosas com sulcos (esculpidos e depois decorados com sinais?) na Serra do Cume, Grupo 3

O estudo dos "signos" foi uma preocupação da filosofia, desde 400/300 a.C., sobretudo para os filósofos estóicos (embora também para Aristóteles).

"A alma nunca pensa sem uma imagem", afirmava Aristóteles. Esta imagem é atualmente vista como um "sinal", diz Angeles Arrien, no seu livro "Signs of Life: As cinco formas universais e como utilizá-las", citando Aristóteles. Apoiando a sua visão, ela afirma que:

> "As formas têm significados psicológicos e mitológicos importantes que se encontram nas nossas mentes. Compreender as mensagens que transmitem e a nossa atração por elas abre uma porta para o funcionamento secreto do nosso eu interior e para uma apreciação mais completa da própria arte." [27]

A formação de Arrien como antropólogo cultural facilita a compreensão da "importância que os seres humanos atribuem às formas".

Porque esta é uma boa ilustração das capacidades de comunicação ocultas em registos rupestres das paisagens, em geral, e em especial às aqui em estudo, ajudando na tentativa de sugerir hipóteses educadas para a *razão de ser* das bacias rochosas, vistas como "sinais", ou indicadores culturais, torna-se impossível não referir a sua presença.

A importância que se atribui aos "sinais" desde os tempos de Aristóteles (ou mesmo antes!), aconselham este tipo de abordagem ao problema da contextualização da relevância que os vestígios arqueológicos (vistos através desta perspetiva) assumem no presente estudo.

Porque Arrien desenvolveu "... uma ferramenta eficaz para determinar a ligação entre as preferências de uma pessoa por determinadas formas e os estados interiores e subjectivos dessa mesma pessoa (que) No decurso da utilização do livro de Arrien, indivíduos, pais, professores e terapeutas experimentarão os processos universais de crescimento incorporados em imagens e mitos, ganhando uma nova perceção dos padrões e símbolos omnipresentes que nos rodeiam."[28] , esta abordagem pareceu ser mais um dos métodos possíveis para revelar essa gramática.

---

[27] Como se afirma na apresentação do seu livro "Sinais de Vida: As cinco formas universais e como utilizá-las" Ángeles Arrien, publicado a 24 de agosto de 1998 por TarcherPerigee (primeira edição de 1994)

[28] ibidem

Durante a minha experiência de contacto com o objeto de estudo, este sentimento foi predominante: a existência de uma ligação entre os signos e os seus possíveis arquétipos.

As bacias rochosas, as marcas de corte, as linhas gravadas, e todas as outras ligações relacionadas com formas zoomórficas e antropomórficas das rochas, alinhamentos de ortostatos/menires, etc., reclamavam uma melhor compreensão do que tem sido o seu papel enquanto "sinais", bem como uma maior elaboração na delimitação do conceito, tendo em vista a sua aplicabilidade.

4 - Apenas um olhar sobre a "Semiótica"

A primeira abordagem da semiótica (com os gregos, especialmente Hipócrates (460-377 a.C.)) centrou-se nos "sintomas" fisiológicos *(semeion,* ou "sinal") em resposta a problemas de saúde, gerados por doenças e outras condições físicas. Em tais circunstâncias, o "sintoma" pode tornar-se um "sinal" de outra coisa.

O processo de encontrar o que o "sinal" (quer como sintoma, quer como outra coisa qualquer) representa, conduziu à compreensão da linguagem que o corpo desenvolve entre todos os seus órgãos internos e entre estes e o ambiente.

Em "Signs, an introduction to Semiotics", Thomas A. Sebeok desenvolve este pressuposto,[29] tendo em conta que

Os signos permitem a cada espécie (1) assinalar a sua existência, (2) comunicar mensagens dentro da espécie e (3) modelar a informação recebida do mundo exterior. A semiótica é a ciência que estuda estas funções. "(p.3)

O seu ponto de vista segue a evolução do conceito, que ele delineia como: começando com Santo Agostinho (354-430 d.C.), com a distinção entre sintomas naturais, sinais animais, etc. e sinais convencionais (feitos pelo homem).

Posteriormente, John Lock (1632-1704) permitiu aos filósofos compreender a intercomunicação existente entre representação e conhecimento. Os teóricos que se seguiram foram Ferdinand Saussure (1857-1913) e Charles Pierce (18391914), conduzindo às "estruturas" que pavimentam tanto a produção como a interpretação dos signos.

Concluindo que a semiótica estrutural *(semiologia* na terminologia de Saussure) se baseia na premissa de que "... apenas estruturas inatas na composição sensorial, emocional e intelectual do corpo humano e da psique humana .../... poderiam permitir as formas de expressão que os humanos criam e compreendem universalmente"[31] , Sebeok integra a doutrina criada por estes pioneiros e produz o "sistema de princípios" daí resultante, assumindo *a semiótica* como uma ciência e uma técnica para estudar "tudo o que produz signos". (p.5)

E com base na validade da síntese criada por Sebeok, e na prática no terreno revelada por Angeles Arrien, entre outros, que os conhecimentos condensados relativos ao conceito de semiótica foram transferidos e adaptados para fornecer alguma visão ao caso aqui em estudo. Especificamente no que diz respeito ao entendimento de que, por trás da natureza "cultural" desses signos "locais", torna-se

---

[29] Sebeok, A. Thomas, *Signs, an introduction to Semiotics,* University of Toronto Press Incorporated, Primeira Edição 1994, Segunda Edição 2001, Toronto, Canadá

necessário compreender neles possíveis camadas de elementos diversos expressos devido ao nível físico de pressão para serem exteriorizados e tornados públicos.

5 - Noções básicas do sistema linguístico

Partindo do pressuposto da semiótica de que a relação entre o homem e o meio (interno e externo) assenta numa constante troca de informação, expressa sob a forma de "signos", e considerando as áreas em estudo na Ilha Terceira como susceptíveis de serem analisadas através deste conceito, aplicar-se-á aqui uma redução da síntese de Sebeok, da seguinte forma. Se considerarmos que "... algumas características mínimas num signo são suficientes para o manter diferenciado de todos os outros signos do mesmo género." (p.7), como diz Sebeok, a possibilidade de obter "estruturas paradigmáticas" através de operações específicas permite, depois, a produção de um "texto" ou de uma combinação deles, porque

"Os signos que compõem os textos pertencem a "códigos" específicos.../... A Geometria Cartesiana, por exemplo, é um código, porque tem propriedades estruturais específicas. Ora, este código pode ser usado para fazer certos tipos de textos: por exemplo, mapas com linhas de latitude e longitude, desenhos de certas cidades. (p.7)

No caso presente, a tentativa de encontrar o "código" que permitirá a leitura do "texto" parece ser a forma de obter o "contexto" específico exigido para a "leitura" desta paisagem. Como diz Sebeok, "... o "contexto é o ambiente - físico, psicológico e social - no qual um signo ou texto é usado ou ocorre." (p.8)

Os materiais que serão utilizados nesta operação são os "sinais", tendo sido descritos nas linhas precedentes como "registos". São provenientes das três áreas em estudo e foi feita uma análise combinada sob diferentes modelos onde alguns resultados podem ser lidos coletivamente, enquanto outros podem ser observados em separado, mantendo a individualidade geográfica se e quando preferida.

PARTE II

V - Justificativas para a operacionalização

Os conceitos acabados de discutir indicavam a possibilidade de adquirir, através da sua correcta utilização, alguns conhecimentos sobre o objeto em estudo: as Bacias Rochosas da Ilha Terceira.

A comparação entre os registos aqui em observação e a literatura revista apresentou semelhanças que justificam a aplicação dos princípios emergentes na sua análise. Desta forma, um conjunto de "regras" começou a tomar forma, na convicção de que, se não foram executadas antes na forma aqui proposta, é sobretudo porque pareciam baseadas em realidades que ainda não estão a ser percebidas sob esta lógica.

Em função da hipótese apresentada, decidi produzir uma descrição detalhada das bacias rochosas que incluísse vários meios para a sua individualização, simplificando a sua "gramática" e posterior "tradução".

Os fundamentos para esta decisão são:

1 - O facto de o "homem" e a "cultura" serem realidades indivisíveis;

2 - Por conseguinte, os seus actos devem ser sempre vistos como formas de cultura;

3 - Aceitar as bacias rochosas como um ato cultural deve implicar vê-las como uma forma de comunicação (vista aqui como uma forma de "linguagem");

4 - Neste sentido, e considerando a natureza dos actos (em geral), como obrigatórios (ou fisiologicamente impostos), as bacias rochosas devem ser vistas não só como "sinais" de outra coisa, mas também como fragmentos da "conversa" geral;

5 - A aplicação dos princípios da semiótica como equivalentes à linguagem utilizada exige o respeito pelos seus modos de atuação já estabelecidos.

O racional para este procedimento assenta em duas razões: a) a constatação da hipótese de uma natureza nãoaleatória (ou casual) nas variações do diálogo hipotético; e b) a possibilidade de existirem, no sistema de variáveis correlacionadas e através da sua variabilidade, possibilidades de encontrar sínteses de associações capazes de delinear "factores" comuns a todos - e, entre eles, o "fator paradigmático" que permitiria a contextualização do fenómeno.

Uma operação estatística como a *análise fatorial*, por exemplo, aplicada ao material recolhido ou ao inventário, pode ajudar a discriminar a existência destes "factores", que representam um número potencialmente mais reduzido de variáveis anteriormente não detectadas. Isto permitirá obter um "texto" mais sintético, a partir das variáveis.

Uma vez que *a análise fatorial* é regularmente utilizada nas ciências sociais para obter informações psicométricas, pode determinar também aqui a existência de correlações entre variáveis. No entanto, a partir destes resultados só será possível obter os números mais elevados de repetições, que serão considerados como "associações".

Para além deste tipo de leitura, possível de retirar dos resultados numéricos - a criação de esquemas gráficos - pode induzir outras formas de observação e perceção do fenómeno. A consciência obtida através da abordagem visual induz outros processos psicológicos de perceção que podem permitir ligações com arquétipos[30] , necessários à descodificação deste tipo de signos no seu papel de "textos".

Embora seja provavelmente impossível identificar qualidades da língua (como no modo verbal - tais como características rotuladas como o significante, o denotativo, o conotativo, etc.), pode permitir reconhecer propriedades ou *estruturas* regulares, dentro das repetições específicas de associações.

Dada a pressão biológica para a sua expressão, e as especificidades culturais de cada um, há sempre uma possível identificação da natureza arquetípica, presente no panorama geral.

---

[30] Como os referidos por Ángeles Arrien

VI - Distribuição geográfica geral das bacias

Concluída a primeira parte do estudo sobre as "Paisagens Rupestres da Ilha Terceira", que permitiu cartografar as bacias existentes nos três locais da Ilha Terceira bem como as tipologias dos "signos" aí existentes (apreendidas ao longo do suporte da Antropologia do Espaço e da Paisagem)[31] , as realizações actuais exigem uma revisão geral do material informativo recolhido apreciado através da totalidade da informação geral promovendo a sua revisão sob a hipótese de os considerar como "signos" e, portanto, como pertencentes à categoria de uma representação semiótica.

Chegando a esta conclusão através da apreciação dos dados recolhidos, e considerando que os propósitos deste estudo foram alargados devido a mais informação recolhida ao longo do registo das bacias rochosas, e porque se tornou impossível não reunir estes outros materiais como parte de um cenário complexo (ao qual as bacias rochosas parecem pertencer), o presente documento oferecerá visões gerais da sua distribuição espacial e possíveis interligações[32] com o objetivo de facilitar a investigação posterior orientada para uma possível revelação da sua função e significado.

Mapa mostrando a distribuição geográfica das bacias nas três áreas de estudo. As sombras correspondem à frequência de ocorrência das bacias, distribuídas da seguinte forma: S. Cume=61; S. Ribeirinha=72; S. Morião=50

A distribuição das bacias rochosas presentes no mapa acima indica preferências por determinados locais geográficos (em vez de uma disseminação generalizada ou aleatória): elas reúnem-se em grupos sobre áreas específicas.

De facto, as zonas de bacias rochosas cobrem partes importantes das formações traquíticas, parecendo que os seus autores preferiram este tipo de rocha à rocha basáltica pura.

Mas para além desta particularidade na Serra da Ribeirinha é possível observar outro tipo de discriminação para a implantação das bacias: entre um extremo da serra e o outro. Enquanto em ambos existem rochas traquíticas, também pendentes de impressionantes precipícios (aparentemente e em geral preferidos pelos autores

---

[31] E anteriormente descrito em A. Costa "The Mound of Stones", 2013, "The Rock Basins of Serra do Cume", 2014, e "Atlantic Peaks with Rock Basins", 2016, todos editados pela LAP LAMBERT Academic Publishing

[32] Uma investigação mais aprofundada sobre a intenção de registar as orientações das marcas de corte, especialmente centrada na raridade das ocorrências a Este, será abordada num outro projeto (futuro).

destes registos) apenas alguns locais foram escolhidos.

A foto abaixo mostra um exemplo da ausência de registos que denota um desinteresse por este local (onde não encontrei uma única placa) apesar de aparentemente ser desejável para este tipo de construções, em comparação com os outros escolhidos.

Algumas das preferências de locais para a construção das bacias foram já referidas noutras publicações[33] . No entanto, com o alargamento da pesquisa integrando outros "sinais", bem como com o alargamento das atenções envolvendo todo o ambiente, outros foram surgindo.

Destas, foram seleccionadas duas para serem aqui referidas.

- Não se trata apenas da distribuição das bacias, mas também da interação com outros "sinais" visíveis.

- A outra com a morfologia e a topografia das bacias.

---

[33] Costa, A. "As Bacias Rochosas da Serra do Cume", 2014, pela Lap Lambert Academic Publishing

VII - A essência dos resultados dos dados

Mantendo a atenção focada na forma como os registos rupestres se agrupam em torno de importantes monólitos, acabo por encontrar pormenores curiosos. A pouco e pouco fui dirigindo a minha atenção para eles nesta última fase da minha investigação, sobretudo porque poderiam indicar a ligação existente entre as bacias rochosas e estes outros níveis de consciência sobre o seu ambiente.

Um desses "pormenores curiosos" é a aparente importância atribuída aos pontos cardeais Este e Oeste, tendo em conta as posições do nascer e do pôr do sol em determinadas épocas do ano. A foto abaixo apresenta algumas das situações referidas

1 - Bacia; 2 - Esfinge; 3 - Banco; 4 - Leão; 5 - Duas Faces
6 - Sequência de seis terraços em degraus e planta em rondó A Esfinge olha para Norte; o
Leão e as duas Faces olham para Oeste;
Apenas os terraços e a bancada estão virados para oeste

Observando a distribuição espacial dos registos ao longo da encosta da vertente Norte da Caldeira dos Cinco Picos na Serra da Ribeirinha, é possível constatar várias dessas situações sem explicação possível.

A distribuição dos sinais ou registos ao longo da orla exemplifica não só a proximidade dos monólitos importantes, mas também o tipo de dispersão que estes "sinais" apresentam em torno das formações rochosas significativas.

O monólito monumental com a forma de uma esfinge, no Grupo 3, está coberto e rodeado por várias destas construções.

Comparativamente a outras composições integradas na "conversa" paisagística em estudo, esta e o "Leão" que se situa alguns metros acima, rematando uma linha de vários Socalcos, estão ambos torcidos para longe do ponto Este, ou do sol nascente, aparentemente numa negação ostensiva da sua perspetiva. Este tipo de "atitude" torna-se percetível quando se observa a linha exterior nascente destes rochedos, já que muitos deles poderiam inspirar a visão do mesmo tipo de construções, apenas viradas para a outra direção.

Torna-se assim natural a curiosidade sobre as razões de tal comportamento. Exigindo o motivo de se ignorar a vista panorâmica, agora na parte de trás destas construções, e considerando que ela já foi utilizada noutras ocasiões, como por exemplo a do "Sapo", aqui descrita anteriormente (entre várias outras retratadas em publicações anteriores), torna-se intrigante ponderar se a intenção era utilizar a vista para obter estados de espiritualidade mais profundos (como ficou implícito nos exemplos anteriores).

A maior parte das vezes, a existência de uma intencionalidade "misteriosa" parece exalar destas paisagens e ter-se manifestado como uma suposição comum por parte de quem as observa. Mas o "mistério" aí existente pode ser escrutinado de várias formas. Uma delas é procurar repetições de um mesmo comportamento, ou peculiaridades a serem questionadas. O exemplo escolhido foi o "mistério" do canal de drenagem que a maioria das bacias rochosas possui. Às vezes ele é esculpido numa face, outras em duas faces.

No início deste trabalho limitei-me a registar este facto como uma confirmação da natureza antrópica (por oposição ao fator erosão alegado pelos defensores da autoria da "natureza") destas marcas. O facto estranho que acaba por ser notado é que este canal não se situava (na maior parte das vezes) na parte baixa da bacia ou do terreno envolvente: Forçava o escoamento da água por outro lado (por vezes o mais alto!) ou outra parte da bacia. Este facto obrigou-me a recolher mais detalhes sobre a orientação dos drenos, o que levou a uma nova campanha de exploração.

A situação atual da investigação permite simplesmente a apresentação dos dados no seu estado elementar, e principalmente com a intenção de os apresentar como uma proposta de partilha dos seus resultados com outros colegas ouvindo as suas opiniões. O novo registo das bacias incluiu a orientação deste canal e os resultados indicaram algumas correlações estranhas que exigem ser apresentadas mais detalhadamente.

Estes são os resultados encontrados:

a) Depois de registadas 185 bacias, 30 não tinham escoamento.

b) Das 155 restantes (e contando apenas as quatro posições cardeais chave), 96 estavam orientadas para Oeste e Norte, enquanto Este e Sul têm apenas 13 ocorrências.

c) Mas mais interessante ainda é o facto de o Oeste ter 36 entradas, seguido do Norte com 16, enquanto o Sul tem 11 e o Este apenas 6.

d) Esta diferença tão grande entre o 36/Oeste e o 6/Leste estabeleceu a indicação de uma clara intencionalidade na sua construção, representada no gráfico abaixo.

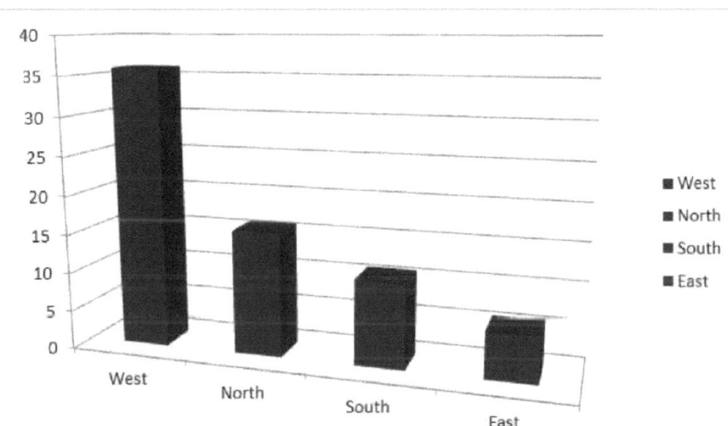

A figura mostra os valores da orientação do escoamento das bacias através de quatro pontos cardeais

Recordando o que o etnógrafo português Leite de Vasconcelos referiu sobre a tradição europeia relacionada com a morte, com simbologia relacionada com as orientações Oeste e Norte, torna-se interessante encontrar a coincidência com estes resultados.

Com a consonância dos registos rupestres com as referências geográficas e simbolismos correspondentes, percebi que poderia ter em mãos material suficiente para tornar tangível o diálogo imaginado e decidi aprofundar as estatísticas que poderiam expressar ou confirmar melhor esses sinais (se as minhas suspeitas estivessem certas).

Em termos simbólicos, a preferência pelo Ocidente, provavelmente como símbolo convencional da morte do Sol - Deus dos céus - engolido pelo Oceano, parece estar aqui em evidente contraste com a representação oposta do nascer do Sol no ponto Leste, como projeção da vida.

Da mesma forma, a oposição entre o Norte e o Sul também corresponde a um significado semelhante (no Hemisfério Norte), porque o calor protege a vida. Além disso, a estrela polar[34] e a Ursa Menor também tinham significados arcaicos

---

[34] Lauren G. Leighton, *Tradição Esotérica na Literatura Romântica Russa: Decembrismo e Maçonaria*

relacionados com a morte/proteção.

Ambas as orientações, com ligações à morte, indicam a possibilidade de corresponder a este simbolismo. Considerando as antigas lendas das "Ilhas Afortunadas" e a forma como são referidas em mapas antigos (incluindo o *Geographile Hyphegesis* de Ptolomeu) esta metáfora assume maior consistência.

Igualmente importantes são algumas outras evidências que se coadunam com esta crença, embora também fora do âmbito deste projeto de estudo: as "marcas de corte". Mas porque parecem trazer informação mais significativa, será aqui deixada uma pequena referência, não só sob a forma de "parêntesis" mas para deixar a consciência para estudos futuros.

1 - Adendas - "Marcas de corte"

Conhecidas universalmente com essa designação, são pequenas incisões cortadas ou fatiadas na rocha, alinhadas com intervalos, que ao serem preenchidas com madeira e humidificadas se alargam resultando na fendilhação da rocha.

Embora não tenham sido centrais nesta investigação, tomei nota da sua presença (quando perto das bacias), notando que o seu número era de centenas e que aparentemente não estavam a ser utilizados para o corte tradicional das rochas.

Observando os pormenores, notei surpreendentemente que a superfície da rocha (onde os cortes foram inseridos) estava sempre virada para outras direcções que não a Este.

Embora se admita que essa preferência de orientação possa dever-se a outros factores de causalidade, é importante notar a coincidência dos resultados.

Acabando por registar a orientação geográfica da maioria destes cortes, descobri que em cada uma das três grandes áreas de achados arqueológicos apenas uma rocha assinalava o ponto Este!

Assim, de entre um número muito elevado de "cut-marks" apenas três rochas (que eu saiba) apresentam esta caraterística, uma em cada uma das três áreas geográficas em estudo. Este facto (em concordância com a questão anterior) aponta o assunto (marcas de corte) como uma via importante para investigação futura. A foto abaixo, do Grupo 7 da Serra do Cume, mostra o exemplo mais bizarro da exceção mencionada, com um pormenor apresentado nas bordas retorcidas dos cortes.

Outras revelações podem surgir através desta linha de investigação quando devidamente investigadas, especialmente com ferramentas como a *análise fatorial* que está a ser planeada para aplicação.

Mas voltando às bacias rochosas, a hipótese de uma possível divulgação da informação aí existente sob a forma de uma linguagem parece aumentar com o alargamento do campo. O exemplo dos resultados obtidos através da mera combinação dos dados recolhidos (aqui minimamente tratados), deu lugar a um projeto mais ambicioso. Embora reconheça que ainda não estou preparado para proceder a operações quantitativas do nível da *análise fatorial,* os dados adquiridos durante a última pesquisa de campo apresentam uma perspetiva tão rica (não só do ponto de vista quantitativo), que deixo aqui para quem quiser testar a "hipótese da língua".

VIII - Dados quantitativos

Embora os métodos quantitativos já tenham sido utilizados na arqueologia, como por exemplo por André Leroi-Gourhan, a aplicação de um instrumento como a *análise fatorial* não é uma prática comum (pelo menos que eu saiba).

No entanto, é preciso ter em conta que a análise quantitativa dos dados só pode apontar para algumas recorrências de ocorrências encontradas nos sinais. Converter estes resultados em linguagem verbal e compará-los com a função ocupada pelos "morfemas" é um passo grande, demasiado complicado, dado o facto de eu não ter conhecimentos suficientes de linguística (ou semiótica). Mas pensar na possibilidade de trabalhar este material arqueológico sob outras perspectivas que não as habituais (que regularmente colocam o principal interesse nos processos de datação) é estimulante porque pode expor outras formas de progredir no modo de pensar de pessoas de outras épocas e culturas.

E mesmo não podendo ir mais longe com estas ferramentas, elas serão deixadas a quem quiser experimentar e se sentir à vontade com elas, para proceder à tradução ou melhor dizendo à transferência de conceitos.

Tais conceitos que serão apontados pelos resultados numéricos (possivelmente ligados à mecânica da linguística) são importantes porque capazes de diferenciar um simples "morfema" daqueles outros com funções tanto paradigmáticas como sintagmáticas. São estes que poderão revelar o essencial da mensagem aí comunicada, sendo identificados através da formação de "factores" (se o raciocínio estiver correto).

Abaixo encontram-se as informações necessárias para estas operações.

Embora ainda não tenha sido trabalhado em profundidade, o gráfico das estatísticas sobre o canal de escoamento é uma demonstração de um dos tipos de operações numéricas capazes de fornecer informações.[35]

1 - Operacionalização

Algumas das características que diferenciam as bacias rochosas foram escolhidas para descrever a forma como surgem na geografia destas paisagens, resultando nas seguintes categorias e respectivas variáveis:
- Estilo ou "modelo" (5 tipos)
- Diâmetro (2 quotas)
- Altura (2 quotas)
- Orientação da drenagem (8 pontos cardeais)
- Associação de geoglifos

A disposição das ocorrências (apresentadas mais abaixo) começa geograficamente na Serra do Cume, seguindo-se a Serra da Ribeirinha e terminando na Serra do Morião (perto de Angra). Cada bacia tem o seu próprio número numa coluna encimada pela palavra "Pia". Os elementos pertencentes a essa bacia estão expostos seguindo uma linha horizontal no topo da grelha, cada um deles identificado por uma sigla. Para poder ler o mapa é necessário identificar as palavras abreviadas (siglas)

---

[35] Também estarei disponível para consultas de pormenor ou para fornecer as tabelas Exell completas "antonieta_c@hotmail.com"

aqui apresentadas em letras e números em cada linha vertical e horizontal.

2 - Significado das abreviaturas

Na horizontal e na vertical.

1 - Ar = área geográfica.

Nessa coluna, haverá "SC" que significa Serra do Cume; o mesmo "SR" para Serra da Ribeirinha. No entanto, na Serra do Morião (SM), existem seis localizações diferentes: PAT, que significa Pateira, GM, que significa Grota do Medo, FT, que significa Fonte, ESP, que significa Espigão, CD, que significa Conjunto Dolménico, e Pira, a última das áreas pertencentes a esta geografia da Serra do Morião.

Para o resto da linha horizontal:

2 - GRP = significa Grupo, como uma divisão dentro de uma área geográfica

3 - CNJ = que são subdivisões dentro dos Grupos

4 - PIA = Bacia

5 - MOD = Modelos das bacias[36] , que são cinco, de A a E

6 - Dimensões (de 6 a 9) = representam duas medidas de Diâmetro - D1 e D2, e duas de Altura - A1 e A2.

10 - ESC = orientações de drenagem. Nesta coluna encontram-se os quatro pontos cardeais, quatro subdivisões, mais oito sub-subdivisões: N (norte); S (sul); E (leste); W (oeste); NE (nordeste); NW (noroeste); SE (sudeste); SW (sudoeste); NNE, (norte-nordeste); ENE (leste-nordeste); etc.

11 - A última coluna contém uma breve informação sobre a proximidade entre as bacias e os geoglifos, que diferem de um sítio geográfico para outro e são representados por números. Na Serra do Cume (números de 1 a 23) predominam os grandes monólitos com formas antropomórficas e zoomórficas. Do 24° ao 33° números pertencem à Serra da Ribeirinha. Do 34° em diante cobre o lado da Serra do Morião onde se encontram bacias relacionadas com construções semelhantes a dólmens. O glossário: 1- Leoas; 2 e 3 - Estatuas; 4 - Caras; 5 - Tartaruga; 6 - Mono; 7 - Viking; 8 - Altar do sapo; 9 - Sapo; 10 - Velha; 11 - Cara 1 e Cara 2; 12 - Topo circular; 13 - Pedreira; 14 - Ciclope; 15 - Cranio; 16 - Cabegorra; 17 - Altar/Portal; 18 - Portal; 19 - Silhueta; 20 - Lagarto (Olho); 21 - Cista; 22 - Torre; 23 - Pássaro; 24 - Lagarto 2; 25 - Caras sobre Leao; 26 - Leao; 27 - Banco; 28 - Esfinge; 29 - Castelo; 30 - Perto de Pedra Furada; 31 - Pediforme; 32 - Banco Druida; 33 - Rapaz; 34 - Rocha de Parto; 35 - Trono; 36 - Anta 1; 37 - Barco; 38 - Anta Gr; 39 - Anta Ovo; 40 - Escalada; 41 - Anta 5; 42 - Anta 6; 43 - Fonte; 44 - Conjunto Dolménico; 45 - Pira

3 - A tarefa de leitura

Depois de conseguir decifrar os títulos de cada coluna, torna-se fácil percorrer a descrição quantitativa das bacias e começar a formular perguntas. No entanto, alguns itens podem ainda necessitar de uma explicação mais detalhada, como por exemplo, a necessidade de duas medidas para altura e largura. As fotos abaixo ilustram-no.

---

[36] Como descrito em "Atlantic Peaks..."

Ao ler que a bacia tem uma medida de altura (A1) de 40cms e outra (A2) de 2cms, classifica-se imediatamente este objeto como uma bacia "especial", que não será utilizada para conter líquidos. Inserindo este tipo numa categoria especial, é possível ver onde se encontra, perto de que outros objectos está colocado, etc. O mesmo acontece com os modelos, bem como com outras características. A peculiaridade sobre a orientação dos ralos foi descoberta através deste processo, mas apenas pela quantidade de itens que se concentram na mesma direção. No entanto, observando ainda a quantidade do Oeste "puro" nas bacias do CR (Serra do Cume), nota-se que isso acontece até chegar ao GRP 5 (grupo 5). Seguindo essa linha, é possível perceber que os grupos 1, 2, 3 e 4 são os que apresentam geoglifos mais claramente representando figuras humanas.

Todas estas recorrências de ocorrências podem ser examinadas e exploradas simplesmente através do exame dos índices. Muitas delas estão claramente expressas. Outras requerem um nível de análise mais profundo.

4 - Ver os quadros seguintes:

AR	GRP	CNJ	PIA	MOD	DIMENTIONS				ESC	GLY
					D1	D2	A1	A2		
SC	1	1	1	A	60	70	5	4		1
SC	1	2	2	A	48	38	38	8	W	2
SC	1	2	3	D	35	13	12	4	W	2
SC	1	2	4	D	17	12	15	3	W	2
SC	1	2	5	A	30	20	17	6	S	2
SC	1	3	6	D	36	33	21	0	S	3
SC	1	4	7	D	60	50	28	20	N	4
SC	1	4	8	D	70	66	40	10	N	4
SC	1	4	9	B	23	18	48	10		4
SC	1	4	10	D	90	35	4	13		4
SC	1	4	11	D	17	12	30	15		4
SC	1	5	12	B	30	20	17	6		5
SC	2	1	13	D	22	19	12	5	E	2
SC	2	2	14	E	40	12	6	4	ENE	2
SC	2	3	15	D	20	20	6	4	E	2+6
SC	3	1	16	A	60	50	7	5	W	7
SC	3	2	17	D	20	20	35	28	W	7
SC	3	1	18	D	20	20	30	20	W	7
SC	3	2	19	D	22	18	25	20	W	7
SC	3	2	20	D	25	20	20	18	W	7
SC	3	2	21	D	28	26	18	15	W	7
SC	3	2	22	D	26	24	15	10	W	7
SC	3	2	23	D	20	20	18	15	W	7
SC	3	2	24	D	18	15	16	16	W	7
SC	4	1	25	D	50	30	34	18	W	8
SC	4	1	26	B	60	30	54	7	W	9
SC	4	1	27	B	58	46	55	7	W	9
SC	4	1	28	D	44	38	39	28		9
SC	4	2	29	A	64	28	19	5		
SC	4	3	30	D	40	24	16	3	NW	10
SC	4	3	31	D	19	17	30	9	W	10
SC	4	3	32	D	45	24	16	3	W	10
SC	4	3	33	D	45	24	15	2	W	10
SC	4	3	34	D	19	16	20	17	SSW	

AR	GRP	CNJ	PIA	MOD	DIMENTIONS				ESC	GLY
					D1	D2	A1	A2		
SC	5	1	35	A	80	64	40	6	S	11
SC	5	2	36	D	35	32	25	13		11
SC	6	1	37	D	44	40	29	10	WSW	14
SC	6	1	38	D	24	23	19	6	W	14
SC	6	1	39	D	37	34	35	2	WSW	14
SC	6	1	40	B	62	55	49	19	WNW	14
SC	6	1	41	D	42	34	24	12	NNW	
SC	6	1	42	D	59	52	21	15	SW	
SC	6	1	43	D	17	15	9	3		15
SC	6	1	44	D	38	34	32	10	W	15
SC	6	2	45	B	42	32	33	25	W	15
SC	6	2	46	B	19	17	10	7	WNW	15
SC	6	2	47	E	12	6	6	3	ESE	16
SC	6	3	48	D	14	13	9	5		17
SC	6	3	49	D	20	20	17	6	S	18
SC	6	3	50	D	22	18	12	5	S	18
SC	6	4	51	C	57	54	20	8	W	19
SC	6	4	52	B	25	24	25	8	ENE	19
SC	7	1	53	B	50	43	52	20	W	20
SC	7	1	54	A	40	30	15	2	W	20
SC	7	2	55	D	20	18	24	5	S	20
SC	7	2	56	D	40	25	33	18	W	20
SC	7	3	57	E	100	46	30	20	NNE	21
SC	7	4	58	A	95	80	20	7	E	22
SC	7	5	59	A	66	60	8	4	ESE	23
SC	7	5	60	A	70	70	15	7	ESE	23
SR	1	1	61	E	80	44	30	10	SSE	
SR	1	2	62	B	30	28	35	5	N	
SR	1	2	63	B	30	25	28	9	NE	
SR	1	2	64	B	20	15	15	5	SW	
SR	1	2	65	D	24	20	15	2		
SR	1	3	66	D	40	35	20	10	W	
SR	2	1	67	B	46	40	54	18	WNW	24
SR	2	1	68	B	38	36	40	7	S	24

AR	GRP	CNJ	PIA	MOD	DIMENTIONS				ESC	GLY
					D1	D2	A1	A2		
SR	2	1	69	B	60	54	58	30	ESE	24
SR	2	1	70	B	50	50	38	0	ESE	24
SR	2	1	71	B	54	50	38	1	SSW	24
SR	2	1	72	B	76	60	40	10	SSW	24
SR	2	2	73	C	37	25	12	10		24
SR	2	2	74	B	10	10	10	8	E	
SR	3	1	75	D	34	29	38	10	N	
SR	3	2	76	D	27	25	15	4	N	
SR	3	2	77	D	43	43	16	7	NNE	
SR	3	2	78	B	25	24	23	10	SSE	
SR	3	2	79	A	29	22	10	2	S	
SR	3	2	80	A	35	33	18	0	N	
SR	3	3	81	B	30	27	32	1		
SR	3	3	82	B	34	34	35	30		
SR	3	3	83	B	48	42	30	5	SSE	
SR	3	3	84	D	50	48	29	11	W	
SR	3	3	85	D	56	47	32	12	NW	
SR	3	3	86	D	50	48	29	11	W	
SR	3	4	87	C	35	34	29	16	S	
SR	3	4	88	B	46	44	15	5		
SR	3	4	89	D	38	12	32	11	ENE	
SR	3	4	90	B	26	25	22	3	ENE	
SR	3	5	91	B	28	27	32	11	NNW	
SR	3	6	92	B	46	44	36	12	W	
SR	3	6	93	B	37	30	31	10	WSW	
SR	3	7	94	D	38	30	36	6		
SR	3	8	95	B	19	16	14	8	N	
SR	3	8	96	D	36	30	16	11	N	
SR	3	9	97	B	19	17	16	11	NE	
SR	3	9	98	B	19	18	15	8	SW	
SR	3	10	99	D	32	30	28	14	NE	
SR	3	10	100	B	30	23	30	2	NW	
SR	3	10	101	B	15	14	14	4	S	
SR	3	11	102	B	22	20	29	12	NE	25

AR	GRP	CNJ	PIA	MOD	DIMENTIONS				ESC	GLY
					D1	D2	A1	A2		
SR	3	12	103	D	15	12	7	5	WNW	25
SR	3	12	104	D	35	32	19	14	ESE	26
SR	3	13	105	A	60	55	22	4	WSW	
SR	3	13	106	D	20	18	18	6	N	
SR	3	13	107	E	44	32	26	13	N	
SR	3	13	108	E	54	32	28	16	N	
SR	3	13	109	D	25	24	24	12	WNW	27
SR	3	14	110	D	60	50	29	11	ESE	28
SR	3	15	111	E	40	27	17	9	NE	
SR	4	1	112	A	55	43	25	7	W	
SR	4	2	113	D	37	27	24	14		
SR	4	2	114	B	20	19	18	4	W	
SR	4	3	115	D	16	12	10	6	ENE	29
SR	5	1	116	B	45	40	34	10	SE	
SR	5	1	117	E	40	25	24	10	SE	
SR	5	2	118	D	40	34	30	15	S	
SR	5	3	119	D	30	18	25	14	WNW	
SR	6	1	120	D	28	28	20	11	ESE	30
SR	7	1	121	D	38	36	27	16	N	
SR	7	1	122	B	42	40	27	4	ESE	
SR	7	1	123	D	18	18	12	2	ESE	
SR	7	1	124	D	12	8	7	3	W	
SR	7	1	125	E	30	10	10	6	N	31
SR	7	1	126	D	30	20	27	2	WNW	32
SR	8	1	127	C	28	22	25	10	WNW	33
SR	8	2	128	A	88	88	18	10	E	33
SR	8	2	129	C	45	38	30	18	W	33
SR	8	2	130	E	50	40	27	17	W	33
SR	8	2	131	E	25	20	20	15	W	33
SR	8	3	132	C	30	25	17	6	ESE	33
SR	8	3	133	D	30	30	15	10	NE	33
SM	1	1	134	D	22	21	18	4		
PAT	1	1	135	D	18	15	12	5		
PAT	1	2	136	A	60	34	17	0		34

PAT	1	2	137	E	26	21	27	0	WSW	34
PAT	1	1	138	D	32	22	13	2		
GM	1	1	139	B	25	25	26	17	WNW	
GM	1	1	140	E	25	20	29	4	N	35
GM	1	2	141	D	22	18	19	8	NW	36
GM	1	3	142	D	48	34	21	11	NW	36
GM	1	4	143	D	17	13	14	9	WSW	37
GM	1	5	144	A	45	43	15	2	WNW	
GM	1	5	145	A	52	52	15	3	ESE	
GM	1	5	146	E	72	36	38	5	ESE	
GM	1	6	147	C	80	65	29	15		
GM	1	6	148	E	68	38	19	12		
GM	1	7	149	E	65	41	22	9		38
GM	2	1	150	C	80	60	30	30		39
GM	2	1	151	C	16	15	15	11		
GM	2	1	152	B	22	22	23	23		40
GM	3 C1	1	153	D	39	33	25	9	NW	
GM	3 C2	1	154	D	27	18	20	9	SW	
GM	3	1	155	C	42	40	33	11	ESE	
GM	3	1	156	C	53	47	36	17	N	
GM	3	1	157	D	22	19	15	8		
GM	3 C3	1	158	D	78	60	25	3	W	
GM	3	2	159	D	45	37	35	0	NNW	
GM	3	3	160	D	54	46	24	3	WSW	
GM	3	3	161	D	55	37	15	3	WNW	
GM	3	4	162	E	40	30	24	3	WSW	
GM	3	4	163	D	49	36	18	1	SW	
GM	3	5	164	B	38	35	22	5	NW	
GM	3	5	165	D	53	40	24	0	NNW	
GM	3	6	166	C	75	60	19	13	SSW	
GM	3	6	167	B	40	26	30	0	SSE	
GM	4	1	168	C	40	35	23	11	N	
GM	4	1	169	A	31	22	5	2	ESE	
GM	4	2	170	B	65	54	33	13	ESE	

AR	GRP	CNJ	PIA	MOD	DIMENTIONS				ESC	GLY
					D1	D2	A1	A2		
GM	4	3	171	A	50	41	26	4		
GM	5	1	172	D	60	44	28	3	SW	41
GM	5	1	173	A	57	43	11	4	SW	41
GM	6	1	174	B	42	40	34	0	ESE	
FT	6	2	175	E	26	16	19	12	S	
FT	7	1	176	D	20	12	16	6	ESE	41
FT	7 F	1	177	C	17	17	20	11	SSE	43
FT	7 F	2	178	E	56	19	14	5	SE	43
FT	7 F	3	179	C	43	36	17	12	S	43
ESP	8	1	180	E	36	23	18	2	ENE	
ESP	8	2	181	C	27	20	12	3	E	
CD	9	1	182	E	40	23	15	3		44
CD	9	1	183	D	21	21	20	0	SW	44
PIRA	10	1	184	E	28	24	15	3	ESE	45
PIRA	10	2	185	C	34	16	9	4	SE	45

IX - Conclusões

Numa visão geral, os resultados obtidos com este estudo podem ser considerados satisfatórios, tendo em vista as novas perspectivas abertas para o estudo das paisagens rupestres. No entanto, ao ser estruturado apenas como um instrumento de prospeção, o levantamento apresentou poucos produtos conclusivos, como estava previsto. É em conseqüência da dimensão atribuída ao formato inicial que as informações subseqüentes, encontradas ao longo do processo, são agora colocadas à disposição.

Para quem quiser ir mais fundo na investigação das questões deixadas para trás e aplicar ferramentas mais sofisticadas, recomendo que prepare as tabelas para a aplicação da técnica de análise fatorial: têm de ser apenas numéricas. Mas certamente haverá resultados interessantes entrelaçados nesta "conversa" de pedra e seus segredos ocultos. Mesmo considerando apenas as inter-relações e correlações aí expressas (que podem ser melhor apreendidas através da página do Exell) emergentes dos resultados numéricos obtidos a partir dos "registos rupestres", bem como da sua paisagem homóloga, é possível revelar alguns aspectos sobre a natureza e potenciais intenções dos seus autores.

Assim, futuras investigações podem ser planeadas através da observação das características encontradas nos artefactos, no seu papel de "registos rupestres comunicantes".

Considerando que essa informação pode ser obtida através da observação da frequência com que essas características ocorrem e em que circunstâncias: se junto a determinados elementos da paisagem, ou se de frente para pontos fixos da linha do horizonte, etc., o que é necessário fazer é testar mais hipóteses e planear novas acções.

A verificação dos resultados *in loco* será possível através do planeamento e da proposta da sua testagem e/ou confirmação, através da fundação académica.

No entanto, para obter resultados fiáveis, é necessário garantir a segurança geral da paisagem no seu conjunto, em que cada paz pode fazer parte do diálogo em questão e a sua ausência impediria para sempre o projeto de revelação do contexto.

A contribuição de todos os elementos pertencentes ao grupo em análise (bacias rochosas, gravuras, geoglifos, etc.) ajudará a diagnosticar a causalidade. No entanto, estes elementos devem estar presentes para a verificação da teoria, o mais intactos possível, para permitir a sua confirmação e validação. Esta é uma condição que tem de ser garantida, mesmo sabendo que até hoje nada foi cuidado em termos de proteção deste património: não foi criada uma consciência pública (ou oficial) sobre a qualidade deste tipo de legado e, por isso, não há supervisão e/ou controlo.

Aguardando desde 2013 uma autorização para a realização de pesquisas arqueológicas, descobri que alguns dos sítios estão a ser preparados para facilitar o acesso, de modo a torná-los apelativos para o turismo, uma vez que apresentam um novo tipo de paisagem, inesperado nos Açores (alegadamente descoberto no século XV). Nestas circunstâncias, o risco de ficarem seriamente danificados é enorme.

Os resultados deste trabalho, bem como o produto de investigação aqui obtido, pretendem provar (aos interessados) a abertura na descoberta e revelação do seu próprio património quando, como foi o caso, ele se mantém oculto pelo senso comum. Sendo uma abordagem teórica diferente no campo da antropologia do espaço e da arqueologia, a replicação e/ou confirmação dos resultados deverá fazer parte da procura de novas técnicas a aplicar noutros locais.

O processo de "descoberta" do que está escondido pelo hábito ou pelo desinteresse, foi, para mim, uma forma paralela ao regresso à natureza.

Postscriptum

A atitude de abertura à informação lateral ocorrida em simultâneo com a investigação sobre as bacias rochosas deu lugar à tomada de consciência de importantes indícios de arte rupestre básica que se encontravam em paralelo com as bacias.

Esta linha de investigação resultou da visita de Emmanuel Anati, o professor italiano especialista em arte rupestre neolítica. Ele sugeriu, durante a sua estadia na ilha, que no meio de tantas gravuras, deveriam existir também representações figurativas. Em resultado, comecei então a procurar esse tipo de "significado" entre a confusão de gravuras dispersas pelas três áreas geográficas em apreço.

Esta mudança de objectivos praticamente obrigou a recomeçar a exploração, agora sob a nova perspetiva. E, de facto, começaram a surgir "significados" em simultâneo com figuras fantásticas que pareciam surgir por detrás de todas as pedras.

As formas presumidas de animais, sobretudo aves, mas também de outros seres e de navios (à semelhança dos vikings ou dos egípcios) começaram a sair do anonimato sancionado pela variedade de pequenas perfurações (que as distinguem do entusiasmo animista) como traços visíveis no contorno ou nos lados dos cortes que lhes dão forma.

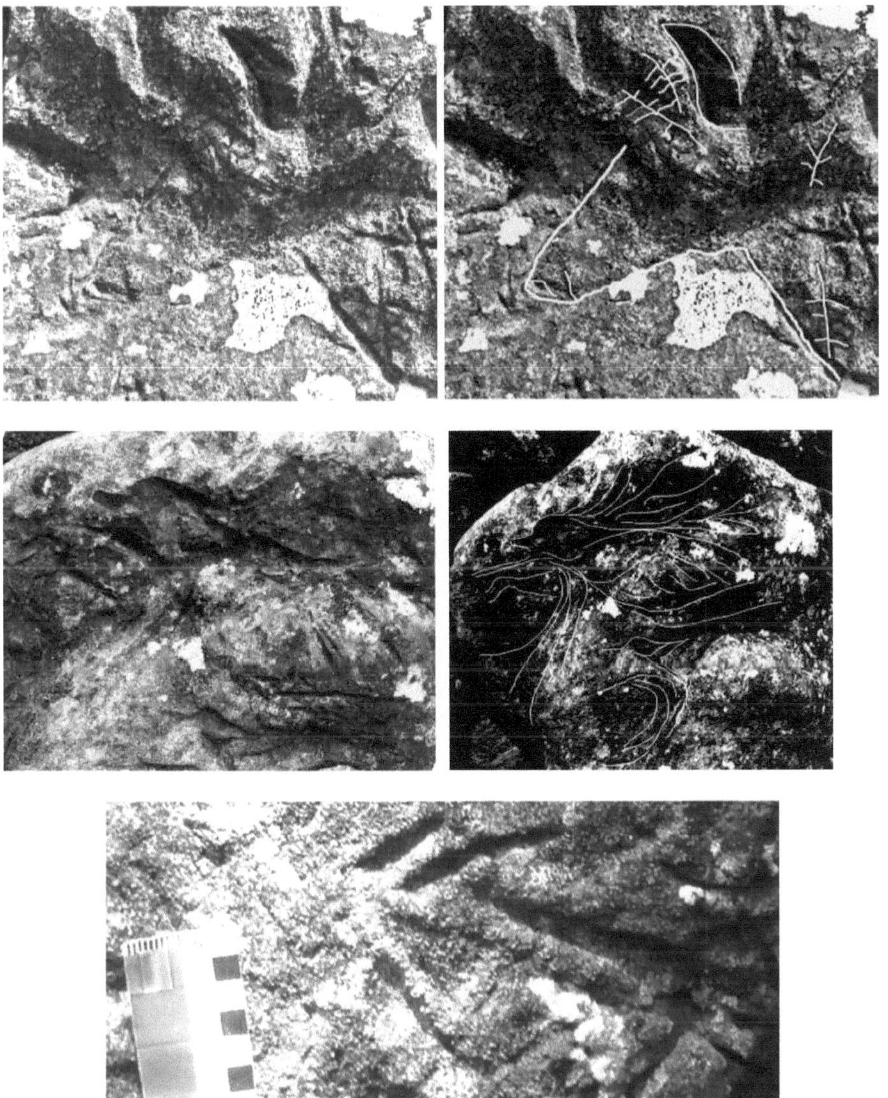

Será através do exame detalhado destes pequenos riscos que os desenhos, primeiro apenas suspeitados e depois em quantidade quase alucinada, serão identificados em termos de idade (através do estilo utilizado) e, da mesma forma, através das ferramentas utilizadas: se líticas ou metálicas.

De facto, a abundância de produção artística não deve surpreender, tendo em conta a interação que se suspeita existir entre os geoglifos e as bacias, o que introduz uma espécie de predomínio místico supostamente natural nas atitudes aí presentes.

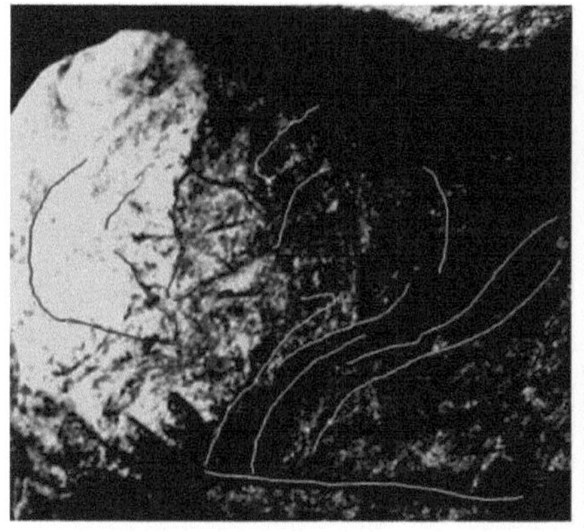

Tudo isto fará parte do próximo projeto, em anexo ao projeto sobre as "marcas de corte", que está a ser preparado através dos resultados dos dados já recolhidos.

No final, as bacias rochosas poderão encontrar a sua justificação integrada na estrutura geral que está a ser desenvolvida.

Bibliografia

Anati, Emmanuel, *A Montanha de Deus - Har Karkom,* Rizzoli International Publications, Incorporated, 1986

Costa, Antonieta, *O Monte de Pedras,* Lapbert Academic Publishing, 2013

Costa, Antonieta, *As bacias rochosas da Serra do Cume,* Lap Lambert Academic Publishing, 2014

Costa, Antonieta, *Picos Atlânticos com Bacias Rochosas,* Lapbert Academic Publishing, 2016

Descola, Philippe, "le concept de nature est une invention de l'Occident" Entrevista Natureza/Cultura, https://www.youtube.com/watch?v=SWaB7bI3MF0

Lahelma, Antti *A Touch of* Red - Archaeological and Ethnographic Approaches to Interpreting Finnish Rock Paintings, Waasa Graphics Oy, Publisher: The Finnish Antiquarian Society, Helsínquia Vaasa (Web PDF), 2008

Leighton, Lauren, *Esoteric Tradition in Russian Romantic Literature: Decembrism and Freemasonry,* The Pensylvania State University Press, 1991

Santaella, Lúcia, *O que é Semiótica,* São Paulo: Brasiliense (Col. Primeiros Passos), 1983, pp. 7-14

Sebeok, A. Thomas, *Signs, an introduction to Semiotics,* University of Toronto Press Incorporated, Primeira Edição 1994, Segunda Edição 2001, Toronto, Canadá

Shomsky, Noam, *(Mind) Language and Nature,* Oxford University press, 1995

Shomsky, Noam, *Essays on form and interpretation,* Nova Iorque: North-Holland, 1977, em recensão de D. Terence Langendoen, The Journal of Philosophy, Vol. 75, No. 5 (), pp. 270-279, maio de 1978

Tilley, Christopher, *Round Barrows and Dykes as Landscape Metaphors,* Cambridge Archaeological Journal 14:2, 185-203, McDonald Institute for Archaeological Research, Londres, 2004

Tiley, Christopher, *Interpreting Landscapes: Geologies, Topographies, Identities: Exploration in landscape Phenomenology,* Left Coast Press, INC, CA 2010

Wray, Robert A., *Solution Land Forms in Quartz Sandstones of the Sydney Basin ,* Universidade de Wollongong, Sydney, 1995

Printed by Books on Demand GmbH, Norderstedt / Germany